Ключи к Корану

Ключи к Корану

Глава 3. Сура Йа Син

Zahra Publications

Первая публикация: 1993 г.

Переиздание: 2020 г.
Издательство: Zahra Publications
www.sfhfoundation.com
www.zahrapublications.com

Макет книги разработан и подготовлен издательством «Quintessence Publishing», Южная Африка.
Дизайн обложки разработан Mizpah Marketing Concepts.
Управление проектом: Quintessence Publishing
Гарнитура PT Sans 11 x 15
Печатная версия подготовлена с помощью платформы Lightning Source
Тип обложки: Мягкая обложка.

ISBN (печатная версия): 978-1-928329-1-69

СОДЕРЖАНИЕ

От издательства i

Примечание переводчика ii

Об авторе iii

Предисловие 1

Глава 3 7

Глава 3. Описание 9

- Глава 36. Сура Йа Син. Введение 11
- Глава 36. Сура Йа Син 17
- Глава 36. Сура Йа Син. Заключение 121

ОТ ИЗДАТЕЛЬСТВА

Серия данных публикаций началась в 1981 в рамках программы обучения Священному Корану в США и странах Европы. В первом издании, подготовленном издательством Zahra Publications, пять глав объединены под заголовком «Лучи Света Божественного Откровения» (Beams of Illumination from the Divine Revelation). Издательство Garnet Publishing опубликовала их как «Ключи к Корану» (Keys to the Qur'an). В издании, подготовленном Zahra Publications, работа выходит в пяти томах.

Публикация данной работы стала возможной благодаря участию многочисленной команды единомышленников: Муна Х. Билграми (Muna H. Bilgrami), Алия Хаери (Aliya Haeri), Батул Испахани (Batool Ispahany), Каяс Абдул Карим Мохаммед (Kays Abdul Karim Mohammed), д-р Салах аль-Хабиб (Dr. Salah al-Habib), Лукман Али (Luqman Ali), Хасан Джобанпутра (Hasan Jobanputra), Кристофер Флинт (Christopher Flint), Саед Муйи аль-Хатиб (Syed Muyhi al-Khateeb), д-р Якуб Заки (Dr. Yaqub Zaki) и д-р Омар Хамза (Dr. Omar Hamza). В работе над русскоязычным изданием принимали участие Фархад Мотара, Кирилл Назаров, Ирина Цырина, Юнус Исмаил (Yunus Ismail) и Лейя Калла (Leyya Kalla).

ПРИМЕЧАНИЕ ПЕРЕВОДЧИКА

В работе, представленной вашему вниманию, для удобства чтения опущены традиционные фразы благословления Пророку Мухаммаду (мир ему и благословение Аллаха) после написания его имени.

В работе использована система транслитерации арабских терминов, принятая в русскоязычной мусульманской и суфийской литературе. Для простоты чтения в тексте опущены диакритические знаки, за исключением случаев, когда было важно максимально точно воспроизвести фонетический облик слова. В глоссарий включены не все, а только наиболее значимые термины. В оригинальном тексте нет подстрочных комментариев, этот же принцип соблюдался при переводе, кроме отдельных случаев, когда возникала необходимость пояснить определенный термин. Аяты Корана представлены в переводе Э. Кулиева.

ОБ АВТОРЕ

Шейх Фадхлалла Хаери – духовный мыслитель, автор многочисленных работ, чья роль Учителя сформировалась естественным образом из собственного внутреннего стремления к самореализации. Он родился в иракском городе Кербела. Уже с детства он проявил интерес к научным исследованиям и интеллектуальным занятиям. Позже, оставив карьеру в области производства и консалтинга, он полностью посвятил себя наставничеству и написанию книг.

Шейх Фадхлалла Хаери является преемником нескольких поколений известных и почитаемых духовных наставников.

Осознание реальных причин, стоящих за происходящим сегодня в мире, привело его к поиску универсальной истины, способной дать ответы на стоящие перед человечеством вопросы, и примирить прошлое и будущее, Запад и Восток. Ему открылось, что источником всего известного и неизвестного является Единая Вселенская Реальность.

В своей картине Единой Реальности Шейх Хаери уделяет особое внимание практическому знанию и опыту собственной трансформации, позволяющим естественным образом объединить различные подходы к духовной работе с помощью создания всеобщей платформы для Высшего Знания, объединяющего в себе все многообразие существующих религий, культур и общественных формаций.

Свое предназначение он видит в переложении традиционного учения Ислама на более понятный и доступный для современного искателя язык, которое он реализует, выступая с лекциями и публикуя свои работы. В настоящее время Шейх Фадхлалла Хаери работает над комментариями к Священному Корану и связанными с ним тематиками, уделяя особое внимание вопросам нравственности, саморазвития, гнозиса (*ирфан*).

Он пишет о том, что раскрылось ему в собственном опыте созерцания, к чему он пришел своими личными усилиями, и что увидел он в состоянии озарения – о том, что такое жизнь в свете Абсолюта. Шейх Фадхлалла Хаери утверждает, что в каждом из нас заложен потенциал духовного пробуждения.

Более подробную информацию об авторе можно прочитать на сайте www.sfhfoundation.com.

ВВЕДЕНИЕ

Нисхождение Корана из области вневременного произошло в одно мгновение, одним действом. Однако на нашем уровне существования весь процесс его раскрытия, интеграции и адаптации растянулся во времени на более, чем двадцать три года. Это Послание, гласящее о том, что за всем проявленным в этом мире скрывается одна Реальность – Всевышний Аллах. Его невозможно ни описать, ни воспринять нашими привычными, физическими органами чувств. Ему присущи Атрибуты, но нет ничего, что сравнилось бы с Ним. Мы можем только в виде намека указать на Него. Поэтому, когда мы говорим об Аллахе, мы говорим только в контексте Его Атрибутов, а не Его Сущности.

Коран – это законченное откровение, которое проявилось единой Книгой в пространстве в одно мгновение времени, словно пробуждающий ото сна раскат грома и удар молнии, окончательно разбивающий сон. Он пролился потоком истины в сердце Пророка Мухаммада (мир и благословение ему, его семье и его сподвижникам)[1], а жизнь Мухаммада в служении истине

1. Традиционно принято при каждом упоминании имени Пророка Мухаммада взывать к миру и благословению Аллаха ему, его семье и его праведным сподвижникам. Далее опущено для удобства чтения.

Корана стало его практической реализацией. Попытки понять Коран отдельно от Пророка можно сравнить с использованием учебника по медицине, не имея практического медицинского опыта: для тех, кто не подготовлен соответствующим образом, учебник будет бесполезен. Чтобы понять смысл Реальности, человек должен придерживаться соответствующего пути.

Таким образом, основу Ислама составляют Коран и следование пути Пророка (*сунна*).

В этой Книге собраны все базовые знания. Она служит личным проводником человека на пути к вечной жизни. В основе послания Корана лежит гармоничная, совершенная жизнь, которая неизбежно приводит к лучшему будущему в его материальных и нравственных аспектах, как на индивидуальном, так и на общественном уровне.

Цель Корана – принятие его послания сердцем человека. В противном случае он становится лишь полумерой. Поверхностное изучение Корана можно уподобить с ситуацией, когда кто-то, услышав, что лекарства полезны для здоровья, начинает беспорядочно их употреблять. Возможно, лекарства способны оказывать определенное воздействие, но оно окажется более эффективным, если человек будет знать индивидуальные особенности своего организма, как и свойства конкретных лекарств, порядок их взаимодействия и влияния друг на друга, а также их совместимость. Вооружившись этими знаниями, он смог бы получить максимальную пользу, принимая нужный ему вид с правильной дозировкой. Тот же принцип лежит в основе нашего подхода к Корану.

Способность проникнуть вглубь Корана обусловлена правильным подходом, смирением и чистотой намерения в постижении истины. Вся совокупность предубеждений, заблуждений, знаний человека могут оказаться серьезной помехой на его пути. Поэтому он должен прийти к состоянию полной опустошенности, неведения, отчаяния и слабости, преодолеть которое можно, только встав на путь познания и трансформации. В процессе изучения Корана искателю необходимо придерживаться и соблюдать моральные принципы (*адаб*), которые послужат ключом к пробуждению Знания (*Корана*), глубоко сокрытого в его сердце.

Чтение Корана, проникновение в него, его интеграция в личную жизнь и, таким образом, его истинное изучение, требуют соблюдения как внешних, так и внутренних моральных принципов (адаб). Все тайные сокровища этой Книги раскроются перед нами, стоит лишь подойти к ней с должным почтением и любовью.

Чтобы обрести благословление и милость Реальности с помощью этой совершенной Книги Мудрости, необходимо учесть тот исторический контекст и те общественные реалии, на фоне которых произошло ее нисхождение. Необходимо понимать социальные и культурные аспекты того времени, географические особенности места ее раскрытия и, что более важно, характерные особенности людей и их кочевого мировоззрения. Арабские кочевники, жившие во времена Пророка, как и все кочующие народы, обладали необычайной восприимчивостью к окружающей их среде, поскольку они были слабо защищены от ее воздействия. Суровые, порой экстремальные климатические условия, держали бедуинов на грани выживания,что способствовало развитию великолепной интуиции, чуткой ко всему окружающему. Кроме того, кочевой образ жизни бедуинских племен порождал постоянные ссоры и стычки с жителями городов, ведущими оседлый образ жизни. Каждая встреча этих культур заканчивалась столкновением, что неизбежно влекло за собой их обновление.

В кочевых культурах превыше всего ценились такие качества, как благородство, мужество, великодушие. Жители пустыни полагались лишь на свои собственные силы и ревностно относились к своей независимости. Они ни за что не преклонились бы перед другим человеком. Их вожди избирались естественным образом, исходя из физических и нравственных качеств человека. В такой системе следующим правителем вероятнее всего становился кто-либо из его клана или из его родни. В кочевой культуре было принято, что шатер, служивший домом для вождя племени, был всегда открыт, и люди еще не занимались попрошайничеством, чтобы не ронять свое достоинство. Таким образом, благородство естественным и гармоничным образом сочеталось с добросовестностью, самоуважением, терпимостью.

Коран возник в арабской культуре, когда образ жизни был значительно проще современного, при этом его универсальное послание смогло оживить сердца множества людей еще при жизни Пророка. Лишь понимая обстановку, сложившуюся в Мекке и Медине во времена нисхождения Корана, мы сможем адаптировать его к социальным и культурным реалиям нашего времени, поскольку Коран – это путеводитель, содержащий конкретные предписания.

Путь Мухаммада – в своем развитии с течением времени – неразрывно связан с постепенным раскрытием Корана. Его начало – признание Единства Бога, а конец – создание сильной общины, в которой люди, полностью осознавшие законы, управляющие человеческими отношениями, взаимодействуют друг с другом так, что каждый из них может в полной мере развить свой духовный потенциал. Праведные Сподвижники следовали за своим Пророком Мухаммадом и таким образом утвердились в своем познании Бога.

В каждом человеке Пророк видел скрытый потенциал, который необходимо разбудить для сокровенных внутренних знаний. В любой ситуации, даже когда остальные люди ощущали лишь боль и страдания, он видел одно проявление милости и милосердия Всевышнего Аллаха. Он обладал способностью видеть, как невежество омрачило сердца людей, побуждая их на неверные действия, и относился к ним с пониманием. Он работал над очищением их сердец, чтобы они воспрянули ото сна и пробудились к внутренней, духовной жизни.

Небольшое количество мусульман, которые с самого начала объединились вокруг Пророка, подвергались постоянным нападкам и притеснениям. Чтобы спасти эту немногочисленную группу своих первых последователей, Пророк велел им перебраться в более безопасное место, так как жить в Мекке с каждым днем становилось все труднее, а с увеличением числа последователей, усиливалось и оказываемое на них давление. Обстановка накалилась до предела, и среда становилась все более агрессивной и враждебной. Свет Мухаммада, проявившийся на этом плане бытия как моральный кодекс поведения, стал реально угрожать родовым обычаям, в которых из поколения в поколение воинствующая гордыня передавалась по наследству. Зачастую родственные чувства вынуждали этих людей прибегать к грубой силе при полном отсутствии здравого смысла, логики и каких бы то ни было понятий о человеческих ценностях. Поляризация общества в Мекке неизбежно порождала насилие.

В отличие от мекканских кланов, некоторые жители Медины увидели свет и практическую пользу в послании Ислама. Жители Мекки видели в Пророке лишь обычного человека, сына одного из них, и не смогли принять его пророчество. Но жители Медины, преимущественно земледельцы, ведущие оседлый образ жизни и обладающие большей восприимчивостью, приветствовали Пророка и его последователей, которые по прибытию в город сразу же принялись возводить мечети и дома, приступив, таким образом, к созданию общины. Но ее формирование неизбежно порождало и новые трудности: «Мы создали человека в тяготах» (90:4).

ГЛАВА 3

Глава 3. Описание

Сура Йа Син является сердцем Корана (*кальб аль-Куран*). Она читается над усопшими, и потому представляет огромную ценность для живых. В своем стремлении к познанию смысла жизни человек обязан пережить смерть, поскольку он приходит в этот мир из области нематериального, куда и возвращается снова. Познание основано на противоположностях. Способность человека к восприятию знания зависит от состояния, в котором пребывает его сердце. Обладая чистым, восприимчивым сердцем, он способен увидеть совершенство в любой происходящей с ним ситуации. Коран позволяет проникнуть в непостижимое.

Глава 36. Сура Йа Син. Введение

Главным пороком текущего столетия является отрицание Единственной Реальности – всюду проникающей, все пронизывающей и все охватывающей, лежащей в основе всего, но, в то же время, от всего отдаленной. Чтобы пробудить сердце искателя, учитель пробует средства, почерпнутые им из единства и безвременья Истины, источник которой сокрыт в самом этом сердце. Коран – это первоисточник Истины, всеобъемлющая Книга Реальности, ключ к раскрытию сердца искателя на пути к сокровенному Знанию. В этой Книге отражена абсолютная Истина, которая в дальнейшем отражается в сердце верующего (*мумин*) и распространяется дальше, наделяя светом каждый атом в творении.

Истинное изучение Корана требует правильного намерения, а также соблюдения внешних правил учтивости, среди которых ритуальное омовение (*вуду*), почтение, с которым искатель открывает, держит и закрывает Книгу, вплоть до места ее хранения после прочтения. И поскольку Коран воистину является Книгой книг, должный подход к его изучению является ключевым фактором, позволяющим нам извлечь максимальную пользу из его прочтения.

Традиционно классический подход к Корану состоит в изучении его лингвистических, исторических (*в отдельных случаях для раскрытия конкретных строк*) и других соответствующих аспектов. После этого, когда искатель устремится в свой внутренний мир, еще глубже в этот безбрежный океан, ему нужно будет окончательно покончить со своими идеями, представлениями, ожиданиями и реакциями. Чтобы ощутить благотворное влияние этой Книги, нужно целиком и полностью отменить себя, пребывая в состоянии абсолютной чистоты. Это значит, что подход к Корану требует абсолютного благоговейного осознания, богобоязненности (*таква*), а также открытого, чистого сердца, готового для принятия того, что может войти в него или вообще не войдет, в зависимости от степени восприимчивости искателя. Без должного очищения изучение Корана становится всего лишь поверхностным. Тем не менее, даже такой подход способен оказать благоприятное воздействие на тех, кто соблюдает элементарные внешние приличия и сохраняет непредвзятость при его чтении.

Истинное внутреннее состояние почтения, приобретаемое благодаря Корану, проявляется в том, что человек словно ощущает присутствие Царя царей, присутствие Абсолюта, Чьи слова звучат в сердце песней, спетой Его возлюбленным Пророком Мухаммадом (*мир и благословение ему, его семье и его сподвижникам*). Нужно полностью реализовать в своей жизни осознание того, что эта сокровенная песня пришла в качестве редчайшего, драгоценнейшего дара, иначе ее тайна так и останется неразгаданной. Для очистивших свои намерения Коран становится неисчерпаемым кладезем бесчисленных даров. Каждый раз, когда искатель, ученик или толкователь, поработав над собой, становится немного чище, и в этом состоянии он размышляет над строками Корана, он проникает еще глубже в его смысл и открывает для себя новый, свежий аромат этого Источника.

Нас интересует как внешний (*захири*), так и внутренний (*батини*) подход к изучению Корана, поскольку наша задача состоит в раскрытии Единства (*таухида*). Ислам – это путь Единства, предлагающий самый совершенный образ жизни и способ познания. Истинный Ислам ведет к познанию Единства – от веры (*иман*) к полному доверию (*йакин*). ʻАли ибн Абу Талиб сказал: «Если всё тайное станет явным, мне не придётся что-либо добавлять к своей вере». Смысл в том, что человек должен сам проложить путь к своему внутреннему знанию, и тогда он обретет абсолютную уверенность в познании Реальности.

Нужно перестать заниматься накоплением внешних, поверхностных знаний и прийти к полному постижению Единства. В любой момент все то, о чем написано в Коране, может быть максимально реализовано. Тот, кто встал на путь познания Реальности, кто стремится к познанию Аллаха, должен принять и реализовать в своей жизни каждый аспект Корана. Коран интересен не только в исторической перспективе. Ничто никогда не заканчивается, и ничто не меняется. Все, чем обладал человек в своем сердце тысячу лет назад, и сегодня находится там же.Базовые элементы остались прежними: доверие-недоверие, любовь-ненависть, мир-насилие, страсть-гнев, комфорт-дискомфорт, болезнь-здоровье, жизнь-смерть. Наше «я» (*нафс*) – это единое сознание, включающее в себя полный спектр человеческих качеств, как высших, так и низших. В сердце каждого человека они существуют в различных пропорциях, а меняющиеся обстоятельства оказывают воздействие на то, или иное качество, будь то сердце простого человека или сердце пророка. Разница в том, что такое качество, как, например, гнев, пророк обращает против несправедливости и невежества в самом человеке, тогда как гнев обычного человека проявляется реакционным, эмоциональным и недостойным образом, поскольку человеку свойственно ошибаться. Все низшие качества эго могут проявляться и у истинных людей Аллаха, и, конечно же, у пророка или его посланника, но они будут работать с ними в положительном ключе, продвигаясь к окончательному пробуждению. Пророк ненавидит, но его ненависть направлена против людского невежества и неведения человека относительно самого себя, ему ненавистна несправедливость и нежелание человека двигаться вперед, его привязанность к прошлому, к иллюзиям, унаследованным им от своих предков, либо обусловленным своим предыдущим жизненным опытом.

Чуткий искатель, пребывая в состоянии истинного смирения и сохраняя постоянную бдительность, наблюдает эти низшие аспекты эго в самом себе. В нем горит жажда познания (*химма*), поддерживающая его в борьбе с неверием (*джихад*) и собственными негативными качествами. Эта борьба идет как внешне, так и внутренне, ибо «Он проявлен внешне и скрыт внутри, и Он – Первый и Последний». Вполне очевидно, что сегодняшний упадок так называемого мусульманского мира естественным образом порожден пренебрежением мусульманами пути Единого Знания. Они обсуждают Ислам и даже обучают ему, однако обучение Исламу в корне отличается от всех других видов обучения, поскольку это знание должно быть реализовано в самой жизни человека, в противном случае оно становится бесполезным.

Сура Йа Син является сердцем Корана (*кальб аль-Куран*). Она читается над усопшими, и потому представляет огромную ценность для живых. В своем стремлении к познанию смысла жизни человек обязан пережить смерть, поскольку он приходит в этот мир из области нематериального, куда и возвращается снова. Познание основано на противоположностях. Способность человека к восприятию знания зависит от состояния, в котором пребывает его сердце. Обладая чистым, восприимчивым сердцем, он способен увидеть совершенство в любой происходящей с ним ситуации. Коран позволяет проникнуть в непостижимое.

В Суре Йа Син говорится также о Пророке Мухаммаде, и она напрямую обращается к тем, кто продолжает нести это единое послание. Того, кто принял это послание Единства всем своим сердцем, называют представителем (*халиф*) Аллаха. В результате полной отмены себя он становится истинным рабом (*абд*), свободным от рабства, и продолжает свое существование в Боге.

Глава 36. Сура Йа Син

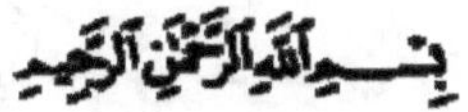

Бисмилляхир-Рахманир-Рахиим
Во имя Аллаха, Милостивого, Милосердного.

1. Йа-Син
Йа-Син.

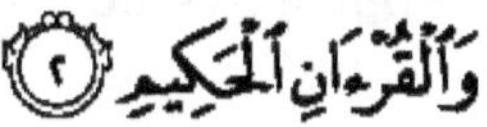

2. Уа аль-Кур-ани аль-Хакими
Клянусь Мудрым Кораном,

Йа Син – это одно из имен Пророка Мухаммада. Это также укороченная форма от Йа Инсан, что означает «О, человечество!» или «О, Человек». Сура обращается также к жителям Антиохии, к кому Пророк Иисус (*'Иса*) отправил своих апостолов. Термин «люди Йа Син» обозначает семью Пророка (*Ахль аль-Байт*). Эта сура начинается с воззвания ко всем жаждущим истинного знания, к тем, кто желает следовать за Пророком и встать на прямой путь пророческого Откровения.

إِنَّكَ لَمِنَ ٱلْمُرْسَلِينَ ﴿٣﴾

3. ‘Иннака ламина аль-мурсалина
Воистину, ты – один из посланников,

Эти строки адресованы Пророку Мухаммаду. Откровение, передаваемое посланниками – это откровение Единства (*таухида*). У этого откровения один Источник, несмотря на множество посланников, черпающих из него свои откровения: «И ты, Мухаммад – один из посланников». Пророк Мухаммад является последним из них, и поэтому его Откровение, безусловно, включает в себя и все предыдущие послания. Об этом сказано в Коране: «Когда Мы отменяем или заставляем забыть один аят, то приводим тот, который лучше его, или равный ему» (2: 106).

Даже в повседневной жизни, каждый раз, когда мы испытываем новое переживание, мы хотим, чтобы оно было ярче, тоньше, глубже предыдущего. Это похоже на происходящий во времени процесс эволюции, но только не в дарвинском понимании. Обезьяна не является нашим биологическим прародителем – мы прошли путь развития от простейшей клетки сперматозоида до наисложнейшего живого организма. В этом заключается суть развития как индивидуума, так и социума.

В историческом плане Пророк Мухаммад продолжил череду пророков, которые в доступной форме передавали и реализовывали в своей жизни послание Реальности. Традиция (*хадит*) насчитывает 124 000 пророков и посланников. В давние времена практически в каждом селении был свой пророк из местных жителей. Люди того времени отличались от наших современников – они были чище, честней. Кроме того, условия их существования более благоприятствовали духовному продвижению.

Последнее откровение Корана включает в себя все предыдущие послания, заменяя и отменяя их. Оно дает человеку завершенную мировоззренческую модель. Несмотря на то, что Пророк Мухаммад появился в арабской среде, ему удалось объединить все откровения, передаваемые до него. Он стал последним из пророков, и поэтому его универсальное послание открыто для всех и подходит любому человеку, независимо от того, в каком месте и времени он живет.

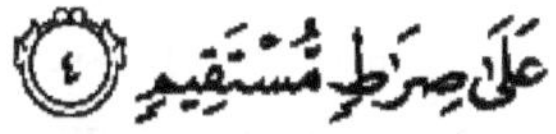

4. ‘Ала Сиратин-Мустакимин
На прямом пути.

Аллах по-прежнему обращается к Пророку: «Воистину, ты на чистом и прямом пути (*сират*)». «Прямой путь» (*аль-сират аль-мустаким*) – это кратчайшее расстояние между двумя пунктами, между субъектом и объектом, между человеком и Аллахом. Он прямой, поскольку ведет человека напрямую к объекту своих постоянных поисков – к Всеохватывающей Реальности. Прямой путь (*аль-сират аль-мустаким*) – это осознание Единства (*таухида*), к которому невозможно прийти путем одного только дискурсивного мышления. Человек должен встать на путь покорности (*ислам*), и через веру (*иман*) прийти к совершенному поклонению (*ихсан*), пока не станет различимо сияние Единства, освещающий путь к познанию сущности, и тогда он сможет проникнуть в сферу смысла.

Если мусульмане не ставят своей целью достижение Единства (*таухида*), их Ислам становится пресным и сбивает с пути. В наше время люди практически перестали посещать мечеть, а если и ходят туда, то, скорее, формально, чем по зову сердца, и подобную тенденцию можно наблюдать во всех уголках мусульманского мира. Путь больше не предусматривает ни поминание Аллаха (*зикр Аллаха*), ни стремление к познанию Его. В большинстве стран предметом поклонения стал Ислам, заняв место Аллаха. Но Ислам – это только средство к познанию Аллаха, и сам по себе не является целью.

Нам всем нравится то, что неподвластно времени, и мы все стремимся к Абсолюту. Кому из нас не хотелось бы жить вечно, перейдя из этой жизни на следующий уровень существования? Это говорит о нашей любви к Вечному, Единственному. Таким образом, любовь Аллаха уже присутствует в наших сердцах, но мы отвлекаемся, мы рассуждаем: «Не сейчас...может быть, завтра или в следующем году, когда я закончу со своими делами». Мы обвиняем других в отсутствии у нас времени, как, впрочем, и во всех других наших бедах. Истина в том, что обвинить мы можем только самих себя.

Знание Аллаха уже написано для нас – в этой жизни, либо в жизни следующей. Может быть, пока это еще в наших силах, стоит начать продвигаться к нему прямо сейчас? Мы придем к этому состоянию позже, отведав смерть, так, может, попытаемся раскрыть это знание еще в этой жизни, чтобы пользоваться его дарами здесь и сейчас?

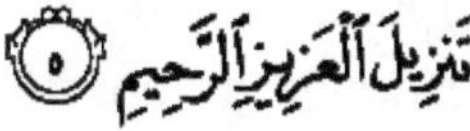

5. Танзилал-’азизир-Рахим
Он ниспослан Могущественным, Милосердным,

Наша жизнь на земле подчинена закону притяжения, и поэтому мы естественным образом считаем, что нечто более возвышенное и божественное находится «выше», т.е. выходит за пределы естественных барьеров, довлеющих над нами. Таким образом, с позиции человека, послание Аллаха «низошло» свыше, что отражено в слове «нисхождение» (танзил). Это не значит, что Аллах находится где-то выше или ниже – есть только Аллах (*да возвысится имя Его*), и Он не занимает никакого определенного места в пространстве. Человек привязан к земле, пище, воздуху. В арабском языке слово земля, ард, означает также «то, что возделывают», ведь мы находимся здесь, чтобы, возделывая землю должным образом, добывать из ее недр пропитание, и, таким образом, достичь подлинного смирения.

Слово «нисхождение» (*танзил*) означает «нечто, посланное свыше», и отсюда его божественность и сакральность, ибо оно исходит от Всемогущего (*'Азиз*). Вместе с тем, это слово содержит в себе и значение милости (*рахма*), а следовательно, это нисходит от Того, Кто проявляет милость, от Милостивого (*аль-Рахман*). Милость является Атрибутом Его Всеобъемлющего Милосердия – Вселенского Милосердия, изливаемого на всех людей – как на верующих, так и на не верующих – словно дождь, что дарит свою живительную влагу абсолютно всем. Милость покрывает собой все, будь то доброе или дурное, поскольку такова воля Аллаха. Слово «Милосердный» (*аль-Рахим*), производное от того же корня, имеет более глубокий оттенок и обозначает воздействие лишь на избранных в ярко выраженной, но более ограниченной форме. Поистине, все существование пронизано милосердием Милостивого.

Рассмотрим это на примере ядовитой змеи. С точки зрения человека, она опасна и несет угрозу жизни, но, тем не менее, ей отведено определенное место во всеобъемлющем царстве Милостивого. Укус змеи – это явление, на которые все еще распространяются действующие в нем принципы, но когда кто-то кричит и зовет на помощь своего товарища, он усиливает тем самым потребность в милосердии, и она приобретает ярко выраженный характер. Поэтому первая помощь, оказываемая при укусе змеи, является направленной и приходит от Милосердного (*аль-Рахим*).

Когда в каждом произошедшем с нами событии мы узнаем действия Милостивого, мы понимаем, что любая сложная ситуация, возникающая нашей жизни, каждый человек, кого мы считали своим врагом, был ниспослан нам ради нашего же собственного блага. С этой точки зрения Атрибут Милости считается более возвышенным, чем Милосердие, поскольку им пронизано все мироздание. Поэтому при поминании этих двух Божественных Имен, Милость всегда предшествует Милосердию. Можно по-другому истолковать значение Атрибута Милосердия (*аль-Рахим*). Такая форма этого отглагольного существительного подразумевает устойчивое качество. Потому оно и выделяется из свойства Милости в отношении к верующим, так как Милосердие Аллаха не только проявляется определенным отношением к ним, но и выражается в действии – выводит их в следующую жизнь.

لِتُنذِرَ قَوْمًا مَّآ أُنذِرَ ءَابَآؤُهُمْ فَهُمْ غَٰفِلُونَ ٦

6. Ли-тунзира каумам-ма унзира аба-ухум фахум гафилун
Чтобы ты предостерег людей, отцов которых никто не предостерег, из-за чего они оставались беспечными невеждами.

Пророческое откровение низошло, чтобы внушить страх перед тем, что не ведет к очищению сердца. Здесь слово «предостерег» – это усиленная глагольная форма слова надхара, имеющего основное значение «давать клятву». Дать клятву означает предпринять решительное действие, вследствие чего человек ограждает себя от любой неблагоприятной ситуации. Слово каум, «люди», означает любое сообщество или группу сообществ, связанных друг с другом одним общим знаменателем, таким как, например, язык, религиозный обряд или образ жизни.

До Мухаммада у арабских народов не было своего посланника. Среди них проживало много христиан и иудеев, которых называли «людьми Писания», но еще не было посланника непосредственно из их среды, из их культуры, который донес бы до них весть и предостережение. Люди, не внявшие предостережению, остаются невнимательными, пребывая в беспамятстве и забывчивости, в состоянии небрежения (*гафлах*). У невнимательного человека внимание рассеяно на второстепенные вещи, как, например, человек, стоя на перроне, вдруг отвлекается на рекламное объявление, в результате чего пропускает свой поезд. Он проявил внимание к чему-то второстепенному, и, как следствие, упустил главное. Состояние небрежения, о котором упоминает Коран, – это отсутствие у человека направленности внимания на Аллаха. Его внимание сфокусировано на чем угодно, только не на своем Создателе. Таким образом, он полностью отвлекается на внешний мир.

Из-за своей небрежности, люди, упомянутые в этом аяте, сосредоточили свое внимание в неверном направлении, и поэтому оказались невосприимчивыми к предостережению. Предостережение, как и знание, укоренены в самой сущности человека, однако их голос подавляется привычками, приобретенными в разрез с божественным предписанием. Привычки становятся частью натуры, и человек находит в них свое утешение, поскольку их повторяемость отражает аспект вечности, что является одним из Атрибутов

Аллаха. Атрибутами Аллаха наполнена вся материя и все события, происходящие в мироздании. Человек же должен осознать, что у него есть выбор: направить энергию этих Атрибутов либо на свое просветление, либо на иллюзорный материальный мир, выбрав его целью существования.

Привычки, даже хорошие, являются одними из самых злейших врагов человека. Последний этап на пути искателя к просветлению и божественному знанию наступает тогда, когда он отказывается от всех своих привычек, даже от самого ожидания истинного знания. Момент истины может наступить по Милости Аллаха, когда сердце человека свободно от внешнего устремления к самоотрешенности. В таком состоянии пребывает тот, кто больше ничего ждет от этой жизни. Он больше не ожидает «увидеть» или «встретить» Аллаха, поскольку все для него – Аллах, и поэтому, говоря о том, что человек становится ближе к Аллаху, мы подразумеваем соединение с Ним.

Человеку необходимо отказаться от своих привычек, пока он не достигнет постоянной осознанности, когда любая ситуация, происходящая в жизни, принимается такой, какая она есть, с полной уверенностью, что Аллах укажет наиболее оптимальный способ ее разрешения. Человек, достигший такого состояния – состояния свидетельствования (*шахада*) – больше не тратит огромное количество времени на продумывание и преодоление возникшей той или иной ситуации.

Цель послания Корана, как и цель самого творения, заключается в предоставлении человеку возможности выбраться из тьмы и прийти к свету. На нашем, физическом уровне, младенец девять месяцев пребывает в темноте материнской утробы, по истечении которых он принудительно выталкивается на свет. Он настолько привыкает к темноте, что его рождение сопровождается непрерывным плачем. Аналогичным образом человек не любит перемены, поскольку постоянство – это то основание, в силу которого происходят все изменения в жизни. Люди, о которых говорится в этом аяте, упорно придерживались обычаев своих предков. Племенные и культурные обычаи арабских народов долгое время оставались неизменными, если можно назвать «культурным» тот образ жизни, который они вели. В их среде царила крайняя распущенность при отсутствии гуманности. И воистину стало чудом, что именно эта среда, эта кромешная тьма, породила Совершенного Человека, который озарил мир безграничным светом.

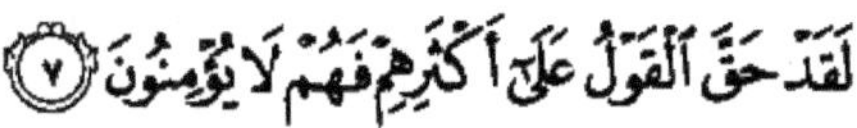

7. Лакад хаккал-Каулу-'ала аксарихим фахум ла йу-минун
Относительно большинства из них сбылось Слово, и они не уверуют.

Истина в том, что все подчинено воле Аллаха. Жизнь человека наполнена страданиями и мучениями, он сбит с толку, он пребывает в невежестве (*джахилия*). Но все его беды и невзгоды порождены его же собственным невежеством. Когда кто-то болен или чем-то расстроен, и кто-нибудь объясняет ему причину его страданий, то это может отчасти облегчить его состояние. Проблема становится намного проще, как только выясняется ее причина. Знание дает уверенность и безопасность, вселяя тем самым спокойствие в сердце.

Наша задача – преодолеть свое невежество. Знание уже существует внутри нас. Оно исходит из Атрибута Аллаха аль-‘Алим, Знающий. Этот Атрибут присутствует всегда, поэтому нужно просто избавиться от своего невежества. Божественное Знание (*аль-алим аль-ладуни*) уже присутствует в нас, и чтобы добраться до него, необходимо овладеть внешним, предписывающим знанием и придерживаться этических норм, воспитывая в себе добрые качества, которые предписаны Пророком Мухаммадом.

Так, например, совершение земного поклона во время молитвы, предписываемое Пророком, произошло само собой из его изначальной природы, его естества (*фитра*). Следуя по стопам Пророка, мы хотим сосредоточиться на его совершенной сущности и обрести знание, и поэтому подражаем его внешним действиям – настолько полно, насколько это в наших силах. Внешняя форма не является целью – она важна только для того, чтобы обрести внутренние качества, стать единым, цельным. А когда наше внутреннее пространство наполняется жизнью, светом и любовью Пророка Мухаммада, тогда мы и внешне следуем его предписаниям (*Сунна*).

У людей, упомянутых в этом аяте, отсутствует вера, и им не обрести облегчения по причине рассеянности их внимания. Зачастую, за непроизвольным выбором, совершенным человеком в неосознанном состоянии, скрываются его собственные привычки, и потому такой выбор не имеет смысла и, как правило, обречен.

Между тем доверие и вера вселяют в человека уверенность, позволяющую осознать, что, несмотря на свое невежество, в котором он сейчас пребывает, он рано или поздно все же придет к пониманию того, что существует лишь Милосердный, Милостивый. И если в каждый конкретный момент он все еще не чувствует себя полностью удовлетворенным, то наступит момент, когда он полностью освободится от всех своих печалей и невзгод, порожденных его же собственным невежеством. Путь веры укрепляет уверенность.

8. Инна жа-’ална фи а’-накихим аглалан фахийа илал-азкани фахум-мукмахун
Воистину, Мы наложили на их шеи оковы до самого подбородка, и их головы задраны.

Оковы невежества создаются отсутствием веры и смирения, причиной чему является постоянная рассеянность и отвлеченность внимания. Эти цепи выкованы из личных корыстных ожиданий человека, которые удерживают его словно в жесткой сцепке, прочно опутавшей шею. Человек не может жить, не имея ожиданий, но он способен перенаправить свои ожидания на Аллаха, на раскрытие сущности Реальности без какой бы то ни было личной привязки к результату.

Шея наделяет человека способностью выполнять движения головой, что обеспечивает ему полный диапазон видения. Если приковать шею цепями к подбородку, то это станет серьезным препятствием, ограничивающим его способность видеть. Тот, в ком отсутствуют вера и смирение, кто отвлечен своими обусловленными реакциями, не способен достичь ясного видения Реальности.

Эта цепь скрепляется замком – природой и вектором мысли человека. Каждая мысль характеризуется качеством, направленностью и величиной. Разумный человек непрерывно совершенствует качество своих мыслей, выясняет их направленность, наподобие того, как канал подстраивается под течение реки. И когда кого-то начинает будоражить шквал мыслей, то рано или поздно он может обрушиться бурным неконтролируемым потоком и привести к разрушению.

Цепи ожиданий и привязанностей выковываются на протяжении всей жизни человека из его же собственных эгоистических привычек, и чем больше фокус его внимания смещен в сторону достижения собственного благополучия, тем дальше он отходит от своей истинной сущности. Гордыня – это показатель крайней степени неуверенности человека. Когда кто-то настойчиво пытается выглядеть сильным, твердым, самоуверенным, это указывает в действительности на его слабость, нерешительность и неуверенность в самом себе. Ему становится невыносима сама мысль о неминуемом поражении. Коран приводит аналогию такого состояния с высокомерным утверждением Шайтана, который проявил свое высокомерие, заявив, что создан из света, и когда Аллах сотворил Адама из глины и воды, он подумал про себя: «Я лучше человека», и именно это заносчивое суждение предопределило его падение.

Ярчайшее проявление этого феномена в социальном контексте можно проследить на примере правителей-тиранов. Казалось, они обладают безграничной властью и держат все под контролем, но вдруг в их жизни наступает момент, когда, казалось бы, полностью контролируемая ситуация выходит из-под их контроля, и чем ближе они к своему поражению, тем больше надменности, чванства и спеси проявляется в них. Когда они понимают, что фундамент, на котором зиждется их существование, не прочен, и все начинает ускользать от них, они еще сильнее цепляются за этот фальшивый образ самих себя и превращаются в еще более безжалостных тиранов. В то время как истинный мусульманин подобен иве: у него глубокие корни веры (*иман*) и упования (*таваккуль*) на Аллаха, а во всех своих внешних действиях он проявляет такую же гибкость, как ветви, послушные ветру. Он внутренне уверен и внешне гибок, действуя в рамках Божественных правил достойного поведения.

Порой случается так, что истинный мусульманин вынужден скрывать свои убеждения из-за возможной угрозы его жизни или его имуществу, но, при этом он не отказывается от взятых на себя обязательств, поскольку для него это будет выглядеть, скорее, притворством, а его истинное чувство достоинства и самообладания не пострадает. В такие моменты он использует любую возможность, чтобы избавиться от неверия, и прикладывает к этому максимум усилий. Наличие постоянных помех, препятствующих жизни в духе Ислама, неизбежно поднимает вопрос о смене места жительства, о переселении (*хиджра*). Нет ничего хорошего в том, чтобы оставаться в месте, обреченном на уничтожение. Коран говорит вполне конкретно об этом. Если человек живет среди людей, которые из-за своих собственных поступков обречены, в конечном счете, на погибель, и уже никто и ничто не в силах изменить их участь, или, в крайнем случае, как-то противостоять им, то ему следует покинуть это место. Ни к чему становиться участником их окончательного разрушения. Однако если, в силу собственной неосмотрительности и невнимательности, человек все же остается с ними, то и его постигнет та же судьба.

Высокомерие – точно также как и несгибаемая, скованная шея[2] – считаются ненормальным состоянием человека. Нормальный, здоровый человек всегда готов склонить голову в поклоне (*саджда*), так как осознает свою абсолютную покорность Реальности. Он любим Аллахом, и его состояние поклонения (*ибад*) проявляется также и во всех его внешних действиях.

وَجَعَلْنَا مِنْ بَيْنِ أَيْدِيهِمْ سَدًّا وَمِنْ خَلْفِهِمْ سَدًّا فَأَغْشَيْنَاهُمْ فَهُمْ لَا يُبْصِرُونَ ﴿٩﴾

9. Уа жа-’ална мим байни айдихим саддау-уа мин халфихим саддан-фа-агшай-нахум фахум ла йубсырун
Мы установили преграду перед ними и преграду позади них и накрыли их покрывалом, и они не видят.

Здесь продолжается повествование о людях в оковах (*аглал*), которые привязаны к своим старым

2. В оригинале игра слов: stiff neck – скованная шея, stiff-necked – высокомерный. – Прим. пер.

привычкам и невосприимчивы к посланию, и Аллах говорит нам, что перед ними стоит преграда. Слово преграда (*садд*) образовано от глагола «затыкать, закупоривать» (*садда*), как в случаях с сосудом или запрудой. Здесь оно подчеркивает, что эти люди не свободны в своих поступках и не могут действовать спонтанно и непринужденно, будучи сдавленными и зажатыми. И потому они близоруки и не могут связать свое текущее состояние с будущим, а свои поступки с их последствиями. В каждый данный момент человек является чистым продуктом своих поступков и мыслей, тянущихся из прошлого, и если в настоящем его преследуют проблемы, болезни, или им овладевают негативные мысли, то это – несомненный результат его поступков в прошлом. Все в нашем мире подчинено закону действия и противодействия.

И накрыли их покрывалом, и они не видят» – в результате их разъединенности, и, следовательно, самопорабощения, их глаза накрыты покрывалом (*гишава*). Смысл в том, что они не видят закономерность, обуславливающую конкретную ситуацию, и поэтому не понимают, что с ними происходит. Там, где нет света Знания, непременно торжествует тьма невежества: «Аллах – свет небес и земли» (24: 35).

Чем прочнее кандалы привычек, желаний, проекций и ожиданий, тем сильнее человек привязан к материальному миру. Когда кто-то настолько привязывается, например, к своему автомобилю, что для того, чтобы им обладать, ему то и дело приходится врать, хитрить и брать на себя невыполнимые обязательства, то тем самым этот человек только укрепляет свои оковы и попадает во все большую зависимость и рабство. А коль скоро наши иллюзии не имеют под собой никакой реальной основы, то его эго обрастает защитными слоями высокомерия, надменности и гордыни. И с раздуванием гордыни ему становится все сложнее увязать свои текущие поступки и намерения с будущим, и он заканчивает свой путь слепым и в полной изоляции. Он не видит текущий поток бытия. Он не распознал за всем сущим руку Аллаха.

И тогда налицо все признаки слепоты: нудная работа, тревожность, неуверенность, социальная нестабильность. Слепец постоянно обвиняет других во всех своих бедах – ему невдомек, что человек получает именно то, что заслуживает, а не то, чего он хочет.

Смысл жизни заключается в раскрытии, в постижении Единства, и чем дальше продвигается человек по этому пути, тем ясней, отчетливей становится его осознание всеобщей взаимосвязанности. Препятствия возникают только тогда, когда поступки идут вразрез с течением потока Единства. Именно поэтому, например, современная наука, разделенная на самостоятельные дисциплины, остается весьма ограниченной. Несколько большего успеха добиваются ученые, использующие многопрофильный подход, так как они признают существование континуума, но при этом они также вынуждены признать существование ничем не объяснимых «пробелов» в этом континууме. Истина в том, что в Реальности нет никакого разделения

Каждый наш поступок влияет на всю Вселенную, хотя это воздействие может не восприниматься нашими органами чувств или сенсорными приборами. Даже такой процесс, как потребление человеком кислорода, оказывает воздействие на общий баланс кислорода и углекислого газа. Все планы бытия – материальные, ментальные и духовные – тесно переплетены и взаимосвязаны друг с другом. В существовании нет разделения. Невозможно сказать: «Вот здесь я заканчиваюсь. Это мой дом, моя территория, я – это мой собственный остров». Если наш сосед беден и болен, то, рано или поздно, это каким-то образом скажется и на нас.

Существует единство мира и единство человечества. Осознание этого факта должно всегда присутствовать в наших сердцах. Есть только Аллах. «Он – Первый и Последний, Он проявлен внешне и скрыт внутри». И если мы постоянно пребываем в этом осознании и в поминании (*зикр*), мы очищаем тем самым свои внутренние качества, которые способствуют нам в дальнейшем продвижении по пути.

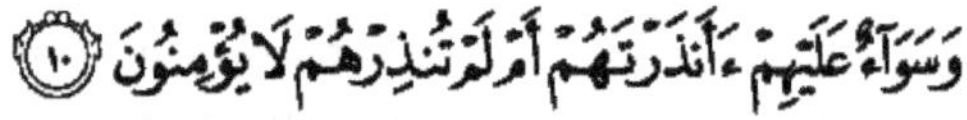

10. Уа сауа-ун ’алайхим а-анзартахум ам лам тун-зир-хум ла йу-минун
Им все равно, предостерег ты их или не предостерег. Они не веруют.

И неважно, предупреждали людей, застигнутых в этом состоянии, или нет – они все равно не придут к вере в Аллаха и к осознанию того, что целью существования является познание Всевышнего. И настолько они упрямы и непреклонны в своем непринятии, что не смогут понять, что их невежество является тяжкой обузой для них же самих, и что преодолеть его возможно лишь смирением, доверием и следованием Божественному пути, ведущему к истинному Знанию.

Человек не сможет принять чистое послание, предупреждающее о том, что он пребывает в неведении и занят саморазрушением, если его сознание и видение закрыто плотной вуалью ограничений, которые он возложил на себя, и спроецированных ожиданий, окрашивающих все, что приходит к нему в ожидаемые тона. Ему невдомек, что принимая за Аллаха что-то другое, придавая Ему сотоварищей, он скрывает от себя Истину. Можно без труда разрушить всех рукотворных идолов, но куда сложнее избавиться от того, что искусственно создано собственным представлением о самом себе, собственным «я», своим самомнением, желанием безопасности, репутации и положения, своей гордыней, тщеславием, стремлением к власти и т.д.

Человек собственноручно возводит преграду между своей истинной сущностью и голосом Посланника, не позволяя тем самым звуковому сигналу проникнуть в сознание и оживить зерно веры (*иман*). Это зерно уже посеяно в нас, но для того, чтобы оно проросло, его нужно поливать и подкармливать. Тот, у кого закрыт этот канал восприятия, не придет к вере, независимо, был он предупрежден или нет. Что бы он не делал, он все равно не проснется. Но несмотря ни на что, песня послания продолжает звучать – точно так же, как вдохновленные Богом птицы, не умолкая, выводят свои любовные трели. Вот почему большинство мусульман боятся истинных людей Аллаха – не говоря уже о посланниках и пророках (*да благословит их всех Аллах*), поскольку тот, кто полностью впитал в себя знание Истины, неуклонно следует своему предопределению и несет людям послание, порой под угрозой смерти, и неважно, было оно воспринято ими или нет.

Аят велит Пророку и, в более широком смысле, всем, кто следует его стопам, донести до людей предупреждение – объективно, беспристрастно. Избранный Аллахом не может быть пристрастным. Он в легкой и доброжелательной манере, без агрессии и нападок, предостерегает людей на пути Аллаха (*фи сабиль Аллах*), не ожидая от своих действий никакого результата. В любом случае, это идет ему на пользу, ведь его вознаграждение заключено в самом действии, которое исходит из его внутренней тишины, из состояния смирения и покоя: так он обретает свободу. И лишь только после того, как человек полностью исправит самого себя, он может приступить к помощи другим в их исправлении.

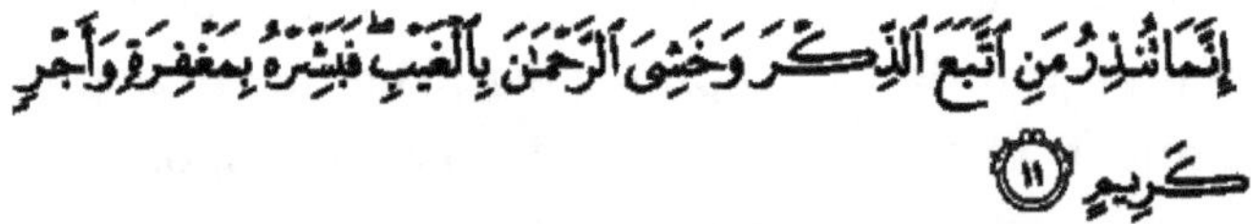

11. Иннама тунзиру маниттаба-'аз-Зикра уа хашийар-Рахмана бил-гайб; фабаш-ширху би-Магфиратиу-уа Ажрин-Карим
Ты можешь предостеречь только того, кто последовал за Напоминанием и устрашился Милостивого, не видя Его воочию. Обрадуй его вестью о прощении и щедрой награде.

Это конкретное предписание Пророку Мухаммаду также адресовано и тем, кто призывает людей к Аллаху (*дауа*). Предостеречь можно только того, кто пребывает в поминании Аллаха (*зикр*). И лишь тот способен услышать предостережение, кто последует за Посланием, внимательно, чутко и осторожно, вспоминая все, что уже существовало в нем на вневременном плане до момента его зарождения, кто ясно осознает смысл и цель своего сотворения, отпечатанные в нем самом.

О тех, кто пребывает в поминании Аллаха, во многих местах Корана говорится как о людях, размышляющих о цели творения. Смысл творения и его внешних проявлений раскрывается в сердце человека, когда в процессе размышления к нему приходит истинное воспоминание. Воспоминание подразумевает изначальное знание о чем-либо, и когда мы говорим: «Я вспомнил его», это означает, что когда-то мы знали этого человека и теперь его вспоминаем. Так же и со знанием Аллаха – оно уже находится в наших сердцах, но мы просто не помним его.

Слово «поминание» (*зикр*) указывает здесь, в частности, на Коран, поскольку он раскрылся как воспоминание. Это воспоминание присутствует во всех Священных Книгах, из которых Коран является наиболее подробной и полной. В нем отражена раскрывшаяся Истина, и, изучая эту Книгу, человек может обнаружить ее Источник, запечатленный в нем самом. Затем он должен объединить Откровение со своими поступками. Причем одних рассуждений о «необходимости поминания» здесь явно будет недостаточно. Настоящее поминание приводит человека к пробуждению, поскольку только целенаправленное, искреннее поминание способно обеспечить то состояние равновесия и покоя, которое необходимо для погружения в размышление, для пребывания в медитации.

Размышление, в свою очередь, позволяет услышать отзвук Реальности, передающий на генетическом уровне весь ход эволюции. Задумка Автора уже проявлена в ней. И чтобы открыть ее для себя заново, нужно войти в ворота смирения и веры и встать на путь поминания, связав воедино свои действия с намерениями. В своем стремлении вспомнить Истину, запечатленную в нем самом, человек забывает обо всем остальном, сосредоточившись только на воспоминании. Или, другими словами, тот, кто помнит свою истинную сущность, не отождествляет себя с двойственностью, которую мы ощущаем в этом мире. Послание Корана, неотделимо от Посланника, через которого оно низошло, поскольку Посланник сам является живым воплощением этой Книги. Послание и Посланник указывают на безопасный путь, ведущий нас к очищению – к тому, что угодно и благостно Господу.

Фраза «И устрашился Милостивого, не видя Его воочию» означает, что человек боится преступить границы дозволенного. Хашья – это здоровое опасение сделать что-либо, не связав воедино намерение с действием, или что невежественный поступок приведет к падению. Хашья – это страх впасть в поминание чего-либо или кого-либо другого, кроме Аллаха, и обеспокоенность тем, что совершенный поступок приведет к обратной стороне всеобъемлющего Милосердия (*Рахма*) Аллаха. Только пережив страдание, горечь, скорбь, можно прийти к полному осознанию природы Милосердия.

Бывает, что и Шайтан, Ангел Скорби, оборачивается другом. Он также служит Аллаху, искусно наводя трепет на людей, вызывая страдания, но все же не стоит относиться к нему по-дружески. Нужно всегда оставаться предельно внимательным, бдительным, ведь никогда неизвестно, когда у него неожиданно полезут рога. Шайтан побуждает нас постоянно двигаться, потому что единственная цель всех страданий заключается в том, чтобы мы оставили свои попытки самоувековечивания в этом мире, и способствует, таким образом, нашему духовному росту.

Каждый данный момент, каждое «здесь и сейчас», может оказаться самым идеальным временем, местом и стечением обстоятельств, чтобы извлечь для себя пользу из страданий. Смысл этого аята в том, что достучаться можно лишь до того, в ком есть неугасимое стремление к полной осознанности, кто вкусил достаточно боли и страданий, кому известно, где и как он преступил границы дозволенного, и обрек себя тем самым на страдания. Теперь же он делает все, что в его силах, чтобы впредь не совершать этого и не потерять тем самым довольство Аллаха. Пророк Мухаммад сказал как-то: «Поистине, дозволенное (*халяль*) очевидно и запретное (*харам*) очевидно, а между ними находится сомнительное, относительно которого многие люди ясного представления не имеют». Если в ком-то возникает неуверенность, как поступить, то лучше вообще ничего не предпринимать, пока не появится ясность.

Фраза «не видя Его воочию» (*Джайб*) может быть

истолкована двояко. В первую очередь, человеку точно неизвестны пределы довольства Аллаха, но он допускает подлинность их существования. Ее второе значение – это Скрытый План Бытия, Незримый Мир (*'Алям аль-Джайб*). Кроме материального мира, воспринимаемого нашими органами чувств, есть еще мир, не доступный нашему физическому восприятию. Эти миры взаимосвязаны друг с другом.

Фраза «обрадуй его вестью о прощении» означает, что после того, как человек получил достоверное предостережение, ему посылается добрая весть. Слово бушра, «благая, добрая весть» этимологически связано еще с тремя словами, означающими «сдирать кожу» (*башара*), «внешний слой кожи (*башарах*) и «человечество» (*башар*). Можно сказать, что предостережение как бы сдирает с человека внешнюю оболочку видимой отделенности и раскрывает взаимосвязь, единство и совершенство творения.

Нам, в свою очередь, нужно опасаться того, чтобы не выскользнуть по неосторожности из-под покрова Милостивого Аллаха. А благая весть состоит в том, что все пронизано Его Милостью, и нам уготовано щедрое вознаграждение за наши первые шаги в сторону веры и принятия.

إِنَّا نَحْنُ نُحْيِ ٱلْمَوْتَىٰ وَنَكْتُبُ مَا قَدَّمُوا۟ وَءَاثَٰرَهُمْ ۚ وَكُلَّ شَىْءٍ أَحْصَيْنَٰهُ فِىٓ إِمَامٍ مُّبِينٍ ﴿١٢﴾

12. Инна Нахну нухйил-маута уа нактубу ма каддаму уа атарахум; уа кулла шай-ин ах-сайнаху фи Имамим-мубин

Воистину, Мы оживляем мертвых и записываем то, что они совершили, и то, что они оставили после себя. Всякую вещь Мы подсчитали в ясном руководстве (*Хранимой скрижали*).

В основе нашей Вселенной лежит закон жизни и смерти, как в прямом, так и в переносном смысле. Большинство людей остаются внутренне мертвыми. Внешне они могут выглядеть живыми, но их внутренняя сущность не наполнена жизнью. В Коране сказано: «Следуйте за Аллахом и Пророком, дабы обрести жизнь». И хотя этот аят обращается к живым, подразумевается, что полное пробуждение сознания – это оживление внутренней сущности человека. Пройдя трансформацию, человек избавляется от низших склонностей своего эго.

Аллах говорит о тех, кто смирился перед Ним и погиб на Его пути: «Не говорите о тех, кто погиб на пути Аллаха: «Мертвецы!» Напротив, они живы, но вы не ощущаете этого» (2: 154).

Известное изречение Пророка гласит: «Люди спят, а когда умирают, просыпаются». Также сказано: «Умри еще до смерти». Это говорит о том, что смерть, как на физическом плане, так и метафорически, избавляет человека от привычного мирского состояния сознания и раскрывает ему истинную сущность бытия.

Когда в человеке пробуждается его истинная сущность, когда он смотрит на все глазами Истины, он видит перед собой только Аллаха – Живого, Вечного. Пробужденная сущность полностью принимает жизнь на этом плане бытия. Настоящий искатель Аллаха видит в послании, что цель существования в этом мире – очистить и отполировать свое ограниченное эго (*нафс*) настолько, чтобы во всем видимом вокруг отражалась безграничная Рука Аллаха.

Фраза «записываем то, что они совершили, и то, что они оставили после себя» относится к поступкам людей. Каждое мгновение несет в себе следы прошлого, проецируя их на будущее. Наши сегодняшние поступки, как хорошие, так и плохие, будут влиять на нас тем или иным образом. С другой стороны, каждое новое мгновение всегда свежее и чистое. Искреннее выполнение ритуала омовения (*вуду*) во имя Аллаха, в благодарность за Его безграничную милость создает состояние, в котором в тот момент мы присутствуем как свидетели. В одном из Божественных Откровений Аллаха (*хадис кудси*) сказано: «Небеса и земля не способны вместить Меня, но Меня может вместить только сердце Моего верующего раба».

Фраза «и то, что они оставили после себя» указывает на то, что все сущее в мире представляет из себя один след. Мы сами – это следы Единой Реальности. Куда бы мы ни посмотрели, мы повсюду увидим следы или знаки Аллаха. Все исходит от Аллаха, все растворяется в Аллахе и все поддерживается Аллахом. Все пропитано Божественной сущностью.

Слово атхар, «то, что остается после кого-либо»,

образовано от глагола «воздействовать, влиять». Своими действиями в этой жизни мы оставляем за собой множество следов, и какие-то из них будут влиять на путь других людей. И когда за нами остаются кривые дорожки, тот, кто следует за нами, вынужден как-то считаться с этим. В отношении людей Аллаха говорят, что когда они покидают этот план бытия, они оставляют позади себя лишь тонкий шлейф сладкого аромата.

Каждый человек воспроизводит Книгу, отпечатанную в нем самом. И чем больше в нем веры и смирения, тем точнее будет внешнее проявление оригинального внутреннего отпечатка. Аналогию на физическом плане бытия можно наблюдать на примере голограммы, где в ее каждом отдельном фрагменте отображается вся картина целиком. Подобным образом, эго человека (*нафс*) – это «след», голографический фрагмент единой Реальности.

Смысл фразы «мы подсчитали в ясном руководстве (*Хранимой скрижали*)» заключается в том, что в жизни каждого из нас уже все подсчитано, измерено и прописано. Не упущено ни единой мелочи – все должно проявиться в свой срок и в своем месте. Ничто никуда не исчезает. Все что есть – это всевозможные трансформации одной формы в другую, живого состояния в мертвое, энергии в материю – но ничто в нашей Вселенной не исчезает бесследно.

Одной из главных дилемм, стоящих перед современной наукой, является концепция ограниченного пространства, так как человек в своем знании и понимании физических явлений, как и космологической модели мира, обязан допускать того или иного рода ограничения. И здесь возникает вопрос: «Если пространство полностью ограничено, что тогда находится за ним?» Концепция ограниченности не может существовать отдельно от сопутствующего ему понятия, или фундаментального понимания безграничности! Все, что человек наблюдает и переживает, находится в пределах ограничений, которое наполняется смыслом только при его включенности в беспредельное, безграничное.

.Все подсчитано в «ясном руководстве (*Хранимой скрижали*)» (*фи имам мубин*). Здесь подразумевается и сам Коран, и человек знания, так как слово «руководство», «имам», означает «лидер». В одном из высказываний Пророка сказано в этой связи: «Кто умрёт, не зная лидера (*Имама*) своего времени, умрёт смертью, не достойной мусульманина или верующего (*мумин*)», а люди Аллаха говорят: «Тот, у кого нет шейха, того Шайтан непременно поведёт своими путями». Согласно другому толкованию, фразу «ясное руководство» можно также отнести к ‘Али ибн Абу Талибу, поскольку в одном из наиболее известных хадисов Пророка Мухаммада сказано: «Я – город знания, а Али – его ворота».

Фраза «ясное руководство» относится также к «хорошо хранимой скрижали» (*аль-лавх аль-махфуз*) с запечатленном на ней творении. Об этом подробно говорится в Суре «Корова» (*Сура аль-Бакара*), когда Аллах велит Адаму сообщить ангелам все «имена», которым Он обучил его. Адаму было велено сделать это, поскольку все знания уже были включены в его внутреннее пространство, в его сущность, в то время как сила ангелов, которую можно сравнить с пучками энергии, может действовать только через ограниченный, четко выделенный канал. Перед этим Аллах возвестил ангелам, что Он собирается создать Своего представителя (*халиф*) на Земле. А поскольку ангелы знали, что во власти Аллаха и созидание, и разрушение, они сетовали на то, что творение привнесет с собой только хаос и разрушение, в то время как они постоянно прославляют и возвеличивают Аллаха. Тогда Аллах велел Адаму раскрыть свое знание: «Сообщи им имена, поделись с ними своим знанием!» Именно в этом состоянии проявилась истинная божественная сущность Адама (*фитра матбу'ах*), чистый отпечаток совершенного Человека. Когда ангелы увидели, что в его знании отражается Знание Творца, они подчинились ему. Его знание охватывало всю палитру жизненных ситуаций и обстоятельств, которые только возможны в творении. Истинное знание – это Божественное Знание, идущее от Аллаха. Таким образом, «скрижаль» относится также и к Адаму, первому человеку, который вместил в себя это Знание.

Творение вышло из предвечного океана покоя, в котором еще ничего не было проявлено и существовало только в виде потенциала. В нем не было Атрибутов, только чистая Сущность – Сущность Жизни. Из этой Сущности возникла энергия, которая сотворила мироздание, включая живые существа, населяющие его. Затем произошло последовательное развитие зрения, речи и других способностей человека.

В своей жизни человек совершает видимые действия, которые выражается в его речи, и каждому из них предшествует мысль. Одно из исламских преданий гласит: «Наши поступки не расходятся со словами, а слова – с намерениями, и мы не произносим вслух все, что нам приходит на ум». Смысл в том, что человек, живущий истиной, говорит и поступает в соответствии с ней. Внешний образ действия требует знания внешнего Закона (*Шариата*), в то время как внутренне оно формируется намерением человека – истиной (*хакикат*), скрытой в нем самом. Все, что мы пишем сегодня своими поступками на скрижали своей жизни, включая каждое произнесенное нами вслух слово, останется после нас как наши следы (*атхар*).

Конец находится в начале. Наш дух (*рух*) продолжит вибрировать в резонанс с частотой своего состояния. Переживание следующей жизни основывается на состоянии духа, достигнутом к моменту оставления им физического тела. Пребывая в полном смирении, в истинном Исламе, он наслаждается своим состоянием и ощущает абсолютную гармонию, но если человек переполнен гордыней, как и другими отрицательными качествами, то именно это и отразится в его состоянии. Поэтому мы говорим: «Упоминай только Единого, зри только Единого, будь только Единым!» Величайший марокканский духовный мыслитель, человек Аллаха, Шейх Абд ас-Салам ибн Машиш сказал: «О, Аллах, вытащи меня из болота знаний о единстве и утопи в океане единства».

وَاضْرِبْ لَهُم مَّثَلًا أَصْحَابَ الْقَرْيَةِ إِذْ جَاءَهَا الْمُرْسَلُونَ ﴿١٣﴾

13. Уадриб лахум-масалан Ас-хабал-Карйах. Из жаахал-мурсалун
В качестве притчи приведи им жителей селения, к которым явились посланники.

Этот аят служит примером неизменно заботливого и сострадательного владычества (*рубубия*) Единого, Кто постоянно шлет человеку напоминания, пробуждающие в нем его подлинную сущность – поборника Истины. Аллах в своем универсальном послании предостерегает людей от совершения неверных действий, кующих оковы гордыни: «В качестве притчи приведи им» – словно сами слова, употребляемые в притче, способны вызвать шок пробуждения.

Фраза «в качестве притчи (*матхал*) приведи им жителей селения» повествует о событии, когда Пророк Иисус, даруя свое изобилие, из своей любви и сострадания направил к ним несколько апостолов с посланием, гласящим, что весь смысл жизни сводится к смирению – «придите к смирению, вратам Ислама. Все, кто несет на себе тяжкий груз, избавьтесь от него и станьте свободными! Сбросьте с себя оковы своих привязанностей и ожиданий, самолюбия и тщеславия, неуверенности, тревог, опасений. Увенчайте себя короной внутренней свободы и самозабвения, преобразуя ложные намерения в истинные и воплощая истинные намерения в благие деяния».

Его владычество предвечно. И поэтому, слова «Ислам» во фразе «Ислам восторжествует» в своем истинном значении указывает на смирение перед внутренним пробуждением и развитием. На биологическом уровне, мы появляемся из крошечной клетки и развиваемся до самого сложного по своей структуре живого организма в виде человеческого существа: двуногого прямоходящего, обладающего конечностями, позволяющими ему перемещаться и действовать, а также органами чувств, наделяющими его способностью к восприятию. В собирательном образе, человек, как биологический вид, уже прошел несколько этапов трансформации на пути своего развития. Мы не знаем, как именно это произошло, но, очевидно, на то была причина, которую нам и предстоит выяснить.

С точки зрения Аллаха, стоит Ему сказать: «Будь!» – как это сбывается (*кун фая кун*)». Невозможно постичь время без знания его противоположности – вневременного, что и передается фразой: «Будь!» – как это сбывается». Экран, на который проектируется кинолента, остается неподвижным, но все, что на нем отображено, находится в движении. Если экран зашевелится, то движения будут неразличимы. И наоборот, невозможно постичь его абсолютную неподвижность, пока на него проецируется движение. Человек представляет из себя промежуточное состояние (*барзах*) между Видимым и Невидимым планом, так как вмещает в себе и то, и другое: «Небеса и земли Мои не могут объять Меня, однако сердце раба Моего (*мумин*) вмещает Меня».

إِذْ أَرْسَلْنَا إِلَيْهِمُ اثْنَيْنِ فَكَذَّبُوهُمَا فَعَزَّزْنَا بِثَالِثٍ فَقَالُوا إِنَّا إِلَيْكُم مُّرْسَلُونَ ﴿١٤﴾

14. Из арсална илайхимус-найни факаззабухума фа-'аззазна би-салисин-факалу инна илайкум-мурсалун
Когда Мы отправили к ним двух посланников, они сочли их лжецами, и тогда Мы подкрепили их третьим. Они сказали: «Воистину, мы посланы к вам».

Здесь говорится о судьбе посланников, которые призывали людей на путь Аллаха через смирение и веру, а также ясно предостерегали их о последствиях собственных поступков. Однако в большинстве случаев их проповеди не были услышаны. Испокон веков у Пророков насчитывалось лишь небольшое количество настоящих последователей.

Для жителей Антиохии двух посланников оказалось недостаточно, и Аллах направил на подкрепление к ним третьего – Симона аль-Сафи, великого Единобожника (*муваххид*) и близкого ученика Иисуса. Смысл истории о трех посланниках заключается в том, что мы тоже получаем послание в своем собственном внутреннем «городе», поскольку внутри каждого из нас находится сущность всех вещей и явлений, с которыми мы соприкасаемся внешне.

قَالُوا۟ مَآ أَنتُمْ إِلَّا بَشَرٌ مِّثْلُنَا وَمَآ أَنزَلَ ٱلرَّحْمَٰنُ مِن شَىْءٍ إِنْ أَنتُمْ إِلَّا تَكْذِبُونَ ﴿١٥﴾

15. Калу ма антум илла башарум-мислуна уа ма анзалар-Рахману мин-шайин ин антум илла такзибун
Они сказали: «Вы – такие же люди, как и мы. Милостивый ничего не ниспосылал, а вы всего лишь лжете»!

Жители Антиохии отрицали Послание в ожидании сверхъестественного явления, в ожидании чуда. Они возражали посланникам: «Вы такие же, как мы. Как воспринимать вас всерьез, откуда нам знать, что вы посланы Милостивым? Должно быть, вы врете! Для нас, вы – обычные люди, так по какому праву вы произносите свои речи?» Они никак не могли принять, что эти посланники представляли Пророка Иисуса. Иисус говорил о самоотречении, о необладании ничем в этом мире, о беззаветной любви к людям, о том, что Всевышний Аллах непременно выполнит свое обещание и по своей всеобъемлющей Милости заключит нас в свои объятия, стоит лишь нам этого захотеть! Откровение Иисуса, исходившее из его величия и великодушия, было таким же, как и все другие послания величайших пророков Аллаха.

Пророк Мухаммад не позволял превозносить себя и относиться к себе как к сверхчеловеку. Он постоянно напоминал, что ничем не отличается от остальных – его, как и любого другого человека, родила женщина, он вместе со всеми ел мясо, он был такой же, как все. Единственное его отличие состояло в устремленности его намерений и раскрывшейся ему Истины, в свете которой он понял, что именно таким образом он сможет помочь людям не оступиться, а заблудшим вернуться на путь. Он был всего лишь верным посланником, чьей задачей было донести до людей Откровение, истинный смысл которого в своей полноте неотделим от своего источника. Стоит лишь распробовать его на вкус, как оно тотчас войдет внутрь! Словно тонкий, едва различимый контур молодой луны, чуть проявившийся в вечернем небе – сперва не заметно, но как только взгляд различит ее серебристый серп, больше не остается никаких сомнений по поводу ее существования, как и в том, что она будет появляться там каждый вечер. Чтобы увидеть ее, нужно правильным образом сфокусировать, сузить зрение и сконцентрировать внимание.

Путь к знанию Аллаха – это не широкая дорога. Это узкая тропа. Поэтому люди Аллаха часто просят в своих молитвах: «О, Аллах, наставь нас на прямой путь, на узкую тропу, ведущую к Единству». Человек, пребывающий в истинном смирении, проявляет абсолютную непреклонность и целеустремленность в своем поиске. Он устремлен только к Аллаху и в полном смирении продвигается к своей цели, ради которой возлюбленные Аллаха, объятые пламенем страсти, отказываются от всего остального, поскольку все прочее уже неважно для них. Путь начинается с веры в Посланника и его Откровение.

قَالُوا رَبُّنَا يَعْلَمُ إِنَّا إِلَيْكُمْ لَمُرْسَلُونَ ﴿١٦﴾

16. Калу Раббуна йа’-ламу инна илайкум ла-мурсалун
Они сказали: «Наш Господь знает, что мы действительно посланы к вам.

Арабское слово Рабб, «Господь», означает «та сущность, что ведет человека к полному раскрытию заложенного в нем потенциала». Таким образом, апостолы объяснили, что их возвысили до этого состояния, и потому они правомочны нести послание Иисуса. Им оставалось сказать, что: «Господь наш (*Рабб*), наша Опора, благодаря Кому мы обрели эти высшие знания. Он, Кто ведет все живое в творении к раскрытию своего потенциала, знает, что мы пришли к вам лишь как посланники. Мы просто повторяем одну и ту же предвечную мелодию».

وَمَا عَلَيْنَا إِلَّا الْبَلَاغُ الْمُبِينُ ﴿١٧﴾

17. Уа ма ’алайна иллал-Балагул-мубин
На нас возложена только ясная передача откровения».

Посланники пытались донести очевидную истину и указывали на явные знамения, однако люди пребывали в забытье под покровом невежества, и поэтому, обречены. Их собственные поступки сковали их и отключили от Реальности, и это состояние длилось так долго, что уже стало невозможно увидеть истинное положение дел. Но посланники, несущие пророческое откровение, видели всю ситуацию целиком, включая всевозможные последствия. Человеческому сознанию свойственно не замечать происходящих с течением времени перемен, пока они не становятся слишком разительными.

Посланник отвечает только за то, чтобы доступно и доходчиво изложить свое послание. Жители Антиохии отвергли его, так как их устраивало сложившееся на тот момент положение. Наши попытки уцепиться за внешние формы – это результат нашей зависимости от собственных привычек. Поэтому люди Аллаха разрушали устоявшиеся нормы и правила. На пути к Аллаху человек начинает осознавать, насколько он скован механичностью привычных шаблонов и является, по сути, пленником, порождением своих же собственных привычек, которые прочно укоренились в нем. И естественно, когда рабы привычек слышат о полном и безоговорочном подчинении Реальности, они видят в этом реальную угрозу для себя и занимают оборонительную позицию.

قَالُوٓا۟ إِنَّا تَطَيَّرْنَا بِكُمْ ۖ لَئِن لَّمْ تَنتَهُوا۟ لَنَرْجُمَنَّكُمْ وَلَيَمَسَّنَّكُم مِّنَّا عَذَابٌ أَلِيمٌ ﴿١٨﴾

18. Калу инна татаййарна бикум; ла-иллам тантаху ланар-жуманнакум уа лайамассан-накум-минна ’азабун алим

Они сказали: «Воистину, мы увидели в вас дурное предзнаменование. Если вы не прекратите, то мы непременно побьем вас камнями и вас коснутся мучительные страдания от нас».

Народы Ближнего Востока, проживавшие

преимущественно в суровых природно-климатических условиях пустыни, обладали повышенной восприимчивостью к своему окружению. Зачастую пробегающий зверь или, главным образом, пролетающая птица служила для них знамением. Появление посланников они расценивали как дурное предзнаменование, считая, что со временем их послание будет искажено и неверно воспринято.

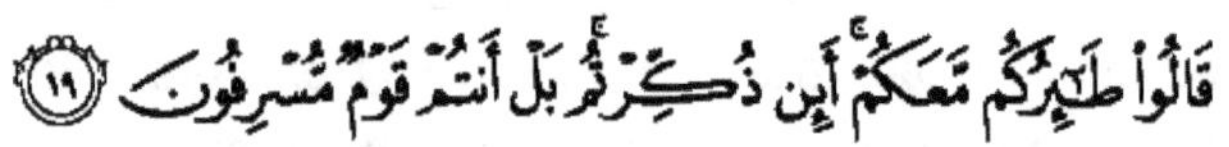

19. Они сказали: «Ваше дурное предзнаменование обратится против вас самих. Неужели, если вас предостерегают, вы считаете это дурным предзнаменованием? О нет! Вы – люди, преступившие границы дозволенного!»

Посланники отвечали жителям Антиохии, что те сами являются источником дурных предзнаменований вследствие своих деяний. Как только человек осознает, что его «дурное предзнаменование» или знак есть результат собственного отрицания Истины, он тут же станет свободным. Люди лишились восприимчивости, и их действия уже не ограничены рамками нужного и полезного, в результате чего, говорится в аяте, они стали расточительными (*мусриф*). Посланники объясняли: «Как вы можете вспомнить, когда вы преступили границы достойного поведения, ведущего к восприятию Единой Реальности? Эта тупиковая ситуация порождена вашим собственным непомерным расточительством и невежеством». Эта завеса образовалась в результате вытеснения подлинного и настоящего своими собственными идеями и ожиданиями.

В этом аяте говорится о тех, кто не желал прервать свой сон и прислушаться к словам посланников. Пророческое Откровение порождает проблемы – оно разрушает убаюкивающие иллюзии самодовольства. Аллах не расточителен. Он не послал бы посланника к тем, кто уже искренне поклоняется Ему. Единственной задачей пророка или посланника является напомнить людям об истинной Реальности. Так, Аллах говорит: «Вы можете предостеречь народ, чьи отцы не были предостережены».

Один из внутренних смыслов суры Йа Син заключается в том, что человек сам предопределяет собственную судьбу. Наше будущее обусловлено нашими же собственными мыслями, нашими намерениями и поступками. Все намерения истинного искателя направлены исключительно на отмену своего низшего эго, поскольку он точно знает, что других вариантов спасения у него нет. Он уже достаточно набегался между Сафой и Марвой – холмами в Мекке, между которыми паломник во время хаджа совершает обряд бега, символизируя тем самым природу преследования мирских целей, от одной к другой. Совершение кругов вокруг Каабы вызывают головокружение, и он, полностью отменив себя, целует Черный Камень, после чего ему позволено совершить два цикла молитв на стоянке Авраама, где он склоняется в земном поклоне. И только после совершения этих ритуалов ему позволено действовать, поскольку теперь в нем есть понимание личной ответственности за свое текущее положение, теперь он знает, что сам является автором собственной судьбы, которую он пишет, переводя свои намерения в мысли и действия.

Творение – это симбиотическая система, основанная на совершенной справедливости (*гармонии*). Коран позволяет увидеть в каждом событии, происходящем в нашей жизни, проявление справедливости и Божественной гармонии бытия. Только сам человек своими собственными намерениями и поступками может предопределить грядущие события. Однако ему не подвластна продолжительность жизни, пульсирующей в его сердце. Согласно законам, правящим мирозданием, каждое действие, каждый поступок человека мгновенно порождает следствие. Когда искатель будет абсолютно убежден, что все происходящее в жизни совершеннейшим образом взаимосвязано и подчинено Божественным Законам, он начнет различать Имена и Атрибуты Аллаха, проявленные в творении. И это приведет его к созерцанию Всевышнего Аллаха, вне времени и пространства.

وَجَآءَ مِنْ أَقْصَا ٱلْمَدِينَةِ رَجُلٌ يَسْعَىٰ قَالَ يَٰقَوْمِ ٱتَّبِعُوا۟ ٱلْمُرْسَلِينَ ﴿٢٠﴾

20. Уа жа-а мин аксал-Мадинати ражулуй-йас-'а кала йа-каумиттаби-'ул-мурсалин
С окраины города второпях пришел мужчина и сказал: «О мой народ! Последуйте за посланниками.

Один из жителей Антиохии принял послание, поскольку услышав извне, он ощутил истинность сказанного в своем сердце. И он пришел – он спешил поддержать Истину.

Фраза «пришел с окраины города» указывает на состояние, когда человек вдруг готов слушать. В историческом плане таким человеком был Хабиб аль-Наджар. Он призывал последовать за посланниками и их откровением. В каждом из нас есть свой собственный внутренний город, в котором живет свой Хабиб – голос, который говорит нам: «Смотри, это истина!» Он звучит не как воспоминание о недавнем событии; его резонирующее звучание напоминает о том, что отпечатано в нашей изначальной сущности (*фитра*). Подобно тому, как пользуются эхолотом или гидролокатором для обнаружения некоторых видов глубоководных рыб, мы вслушиваемся в уже существующую в нашем сердце область вневременного – Законам Аллаха. «Небеса и земля не способны вместить Меня, но Меня может вместить только сердце Моего верующего раба».

Прислушавшись к своей внутренней, природной интуиции, можно получить доступ к этому сокровенному Знанию, источник которого скрыт глубоко в сердце каждого человека, но пока он засорен, ключу не пробиться.

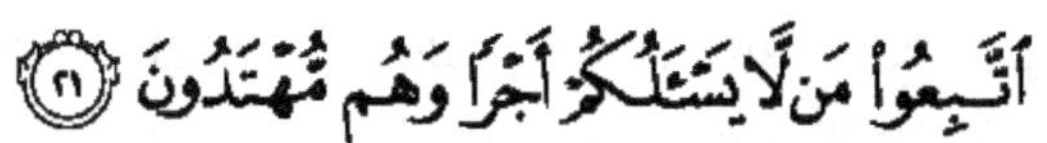

21. Иттаби'у мала йас-алукум ажрау-уа хум-мухтадун
Последуйте за теми, кто не просит у вас награды и следует прямым путем.

Человеку, получившему Послание, больше ничего не остается, кроме как попытаться поделиться им с остальными. Он говорит: «Последуйте за теми, кто пытается направлять вас», и затем дает определение истинного посланника. Первое условие – он не просит и не ждет никакой награды за обучение. Тот, кто требует вознаграждение, преследует тем самым личную выгоду или добивается признания, и потому не свободен от своих желаний и воображаемого образа самого себя. Вторым показателем истинного посланника является его учение – руководство, изложенное простым языком, понятное и доступное каждому честному человеку, каким бы ни был уровень его знаний.

Путь Реальности требует максимальной отдачи, которая достигается лишь при тотальной осознанности, естественной и непринужденной. Всегда ли мы поступаем правильно в нужное время, в нужном месте и в подобающей манере по отношению к другому? Если нет, то мы не придем к отдаче, и все наши действия окажутся бесполезными. В этом суть невежества.

Во все времена обучение духовным знаниям проходило в свободной и непринужденной манере, без нажима и давления. Ученики решали сами, каким образом отблагодарить своего учителя. Однако настоящий духовный наставник не ждет никакого внешнего вознаграждения, поскольку наградой для него является сам процесс обучения. Бывали даже такие случаи, когда настоящий Учитель Истины сам платил деньги своим ученикам.

Само послание наряду с его доступным изложением, с его воспеванием в полный голос, становится наивысшей наградой для посланника. Человек с самой дальней окраины города вопрошает, и ему вторит голос из глубины сердца:

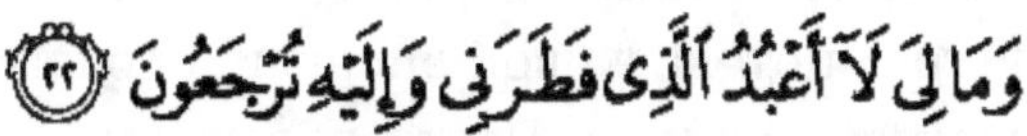

22. Уа ма лийа ла а'-будуллази фатарани уа илайхи турджа-'ун
И почему бы мне не поклоняться Тому, Кто сотворил меня и к Кому вы будете возвращены?

Слово фатара, «сотворил», означает «раскалывать или взламывать», а также «создавать, творить», и относится к «первозданной сущности человека» (*фитра*). Сущность человека, или фитра, запечатлена в его сердце отблеском первоначальной вспышки творения, как первый луч света, пробивающий себе дорогу. Из области Незримого творение раскрывается, прорывается и распространяется в видимый мир, чтобы, в конечном счете, разрушиться вновь. Большой взрыв достигнет своих внешних пределов и затем возвратится в свое изначальное состояние. Каждая система обладает своими собственными пределами и противоположностями, так как все в бытии имеет свое предназначение. Время и пространство плетут свой собственный узор.

Поклонение означает обожание. Это внешнее проявление сокровенной любви. До нашего сотворения у нас не было никакого представления ни о бытии, ни о существовании мира. Поэтому голос вопрошает: «Как я могу ориентироваться на кого-либо другого, кроме

Единственного, Кто привел меня к жизни?»

Мы являемся следствием причины. Все, что мы получаем, будь то знание, материальные блага или жизненные ситуации, порождено причиной, проистекающей из единого бесперебойного источника – светящегося потока живой энергии, проявляющегося как время и пространство. Поэтому, в научных терминах, Аллаха можно определить как Внепространственное Безвременье, поскольку Он вне пределов всех характеристик, приписываемых Ему.

Голос говорит: «Очевидно, я заблуждаюсь, раз принимаю за бога что-то иное, а не Единую, Единственную Реальность». От нас требуется довериться Его Господству (*Рубубия*), Атрибуту Владычества, приводящего в свое время каждого из нас к полному пробуждению самым оптимальным для нас способом. Нужно искренне верить, что даже пелена невежества, которая плотно окутывает нас, служит нам во благо, поскольку, узнав что-то раньше положенного срока, мы можем воспринять это знание искаженно, что введет нас в заблуждение и может стать предметом злоупотребления. Милость (*рахма*) Аллаха, нисходящая в духовном уединении (*кхалва*), есть не что иное, как способность видеть и понимать очевидное. Явное становится явным, и больше ничего – никаких чудес. Если кто-то ждет чего-то еще, то само это ожидание становится очередным препятствием. Желания, проекции, ожидания исчезнут по достижению нами состояния самоотречения. Поэтому человек Аллаха объясняет, что на путь духовного уединения может встать только тот, кто ощущает себя загнанным в угол и отчаялся найти выход, в ком отсутствуют собственные желания и амбиции. Вкусив смерть, он сможет начать заново. Его конец становится его началом, подобно тому, как нет начала и конца у Аллаха – «и к Нему ты возвратишься».

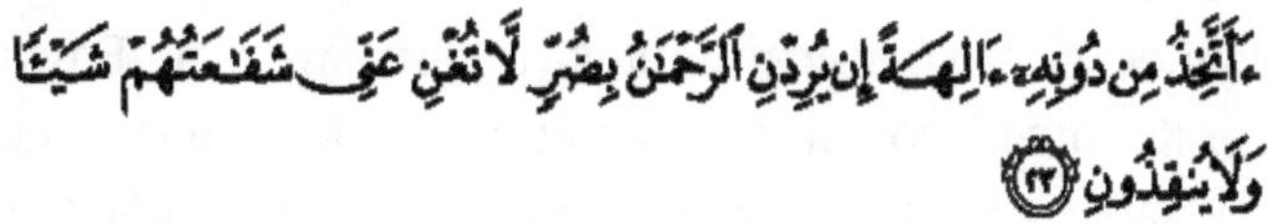

23. А-аттахизу мин-дунихи алихатан ий-йуриднир-Рахману бидуррил-ла тугни ’анни шафа-’атухум шай-ау-уа ла йункизун
Неужели я стану поклоняться другим богам помимо Него? Ведь если Милостивый пожелает причинить мне зло, то их заступничество ничем не поможет мне, и они не спасут меня.

Поклонение другим богам, а не Единому Создателю, Кто сотворил творение и поддерживает его Своей любовью, никогда не даст нам право на заступничество (*шафа’ат*), поскольку этим действием мы преступаем границы милости Аллаха. Слово «заступничество» (*шафа’ат*) образовано от глагола шафа’а, означающего «соединять в пары, прилагать и вмещать», что подразумевает утешение и покой, которые проистекают из близости. Поиск заступничества – это поиск утешения и наставничества. Преступив границы Милостивого, мы лишаемся Его заступничества.

إِنِّيٓ إِذٗا لَّفِي ضَلَٰلٖ مُّبِينٍ ٢٤

24. Инни изал-лафи Далалим-мубин
Вот тогда я окажусь в очевидном заблуждении.

Поклонение другим богам, какими бы они не казались могущественными и привлекательными, а не Единому Богу, Который создает и выращивает нас, легко введет нас в заблуждение, и, в конечном счете, мы окажемся в убытке.

25. Инни аманту би-Раббикум фасма-'ун
Воистину, я уверовал в вашего Господа. Послушайте же меня».

Голосу сущности (*фитра*), раздающемуся с окраины города, вторит сердце из своей глубины: «Я верую, я смирился, я доверился знанию твоего Господа. Я знаю, что Господь поддерживает и опекает меня, чтобы в нужное время мой потенциал полностью раскрылся. Поэтому услышь меня, прислушайся к этому голосу!» Этот отдаленный голос едва уловим, и, чтобы его услышали, он должен прозвучать в полную силу.

قِيلَ ٱدۡخُلِ ٱلۡجَنَّةَۖ قَالَ يَٰلَيۡتَ قَوۡمِي يَعۡلَمُونَ ﴿٢٦﴾

26. Килад-хулил-Джаннах. Кала йа-лайта кауми йа’-ла-мун
Ему было сказано: «Войди в Рай!» Он сказал: «О, если бы мой народ знал!

Слово джанна(х) (*Рай, Сад, Райский Сад*) указывает на неспособность человека отыскать благодатную почву для образования и роста пышной густой листвы. Этот таинственный сад невидим и неслышен. Джанна(х) указывает на внутреннее состояние человека. Арабский язык, на котором передавалось последнее и окончательное Божественное Откровение, отражает природу бесплодной двойственности, происходящей из единства: сад внутри и пустыня снаружи; Ислам в сердце – отрицание Реальности (*куфр*) во внешних действиях; внутреннее спокойствие – внешний конфликт. Войти в Райский Сад можно только дорогой внутреннего исправления, оставив у его ворот все то, что прежде вызывало тревогу и беспокойство: «Войди с миром от Нас, и да пребудет благословение над тобой» (11: 48).

Вечное, Потустороннее (*Аккхира*) всегда рядом с тем, кто встал на путь Аллаха, и пребывание в могиле для него – это лишь условие вхождения в Райский Сад. Судный День сжимается до текущего мгновения, в котором человек видит свое окончательное воздаяние – абсолютное и вечное блаженство. В голосе, доносящемся сквозь время, звучит переживание этого состояния Безвременья: «О, если бы мой народ знал!»

Это аят показывает ясным образом, что тому, кто

покорился Господу, уготован Вечный Сад, что означает состояние радости и блаженства, ведь как иначе убедиться в истинности Райского Сада, пока не побываешь в нем и не вкусишь его аромат?

«О, если бы мой народ знал!» – восклицает он в неописуемом восторге, ощутив вкус знания о том, как беспрепятственно войти в этот Сад, – знания о покорности Посланию и о следовании пути единства (*таухид*), знания, что существует только Всевышний Аллах.

27. Бима гафара ли Рабби уа жа-'алани минал-мукрамин
За что мой Господь простил меня (*или что мой Господь простил меня*) и что Он сделал меня одним из почитаемых!»

Житель города – честный, искренний человек, принявшийпослание,–испытываетчувствовеличайшего уважения (*карам*) и восхищения, дарованное ему щедростью Аллаха за его самоотречение. Арабское слово гафара, «простил», означает также «покрывать, защищать». Быть прощенным – значит чувствовать себя защищенным от последствий неверных поступков, совершенных в прошлом, а также от надежд и ожиданий, спроецированных на будущее.

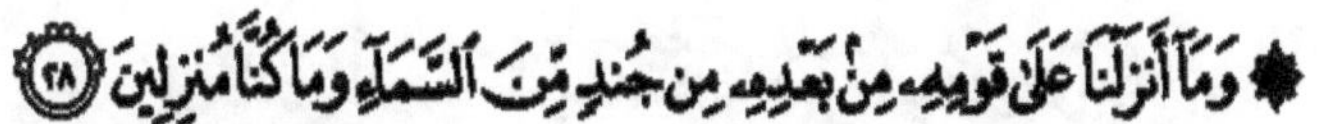

28. Уа ма анзална ’ала каумихи мим-ба’-дихи мин жундим-минассама-и уа ма кунна мунзилин

После него Мы не ниспослали на его народ никакого войска с неба и не собирались ниспослать.

Смысл этого аята заключается в том, что после смерти этого человека, который подтвердил истинность посланников и стал их живым доказательством, Аллах не станет ниспосылать с неба «войско». Здесь, слово «войско» (*жунд*) означает «ангельские силы, сопровождающие друг друга». Солдат в армии не свободен в выборе действий – он всего лишь выполняет приказы вышестоящего начальства.

Этот аят объясняет также смысл сказанного жителям Антиохии: «Ваши злые предзнаменования при вас». После того, как Аллах ниспосылает Истину, Он не обрушивает вдруг на человека сверхъестественные явления – «и не собирались посылать». Человек собственными прегрешениями сам ставит печать на свою судьбу.

إِن كَانَتْ إِلَّا صَيْحَةً وَاحِدَةً فَإِذَا هُمْ خَامِدُونَ ﴿٢٩﴾

29. Ин канат илла сайхатау-уахидатан-фа-иза хум хамидун
Был всего лишь один глас, и они затухли.

Наступление конца – будь то финальная вспышка Большого взрыва, упадок цивилизации или смерть человека – происходит как одно решающее событие. Творение закончит свое существования точно так же, как и было приведено к нему. Большой взрыв станет глобальным коллапсом. Вся наша Вселенная, как на микрокосмическом, так и на общем, макрокосмическом уровне, погаснет и вернется к своему источнику.

Фраза «один глас» указывает также на шок пробуждения, когда у человека пропадает его собственная мотивация. Ему предоставляется возможность выбирать и действовать либо путем самопознания к достижению внутренней свободы, либо в сторону внутреннего порабощения через отрицание Реальности и пребывание в невежестве. От судьбы не уйдешь. Воистину, единственная свобода, которой обладает человек – это его отношение к собственной судьбе. Если в основе этого отношения лежит смирение, позволяющее получать знание, необходимое ему в каждый конкретный момент, тогда он свободен. «Один глас» возвещает о прекращении возможности действовать. После смерти дух (*рух*) пребывает в состоянии, которого он достиг к моменту смерти, как радиоприемник, непрерывно вещающий лишь на той частоте, на которую он настроен.

يَٰحَسۡرَةً عَلَى ٱلۡعِبَادِۚ مَا يَأۡتِيهِم مِّن رَّسُولٍ إِلَّا كَانُواْ بِهِۦ يَسۡتَهۡزِءُونَ ﴿٣٠﴾

30. Йа-хасратан ’алал-’ибад! Ма йа-тихим-мир-расулин илла кану бихи йастахзи-ун
О горе рабам! Не приходил к ним ни один посланник, над которым бы они не издевались

Каждого человека Аллах называет слугой или рабом (*абд*). Так или иначе, каждый из нас по-своему порабощен, ведь никому не удастся избежать смерти, как и избавиться от необходимости дышать и есть. Каждый из нас вкусил и жар Огня, и благоухание Сада – это состояния, которые человек уже пережил в нашем физическом мире. Цель Ислама – обозначить границы, нарушение которых не даст ничего, кроме боли, невзгод и страданий, как в настоящем, так и в будущем.

Во многих сурах Корана можно найти аяты, в которых звучит попытка усилить нашу жажду (*химма*) истины. Те же, кто не признает свое рабство ни внешним образом через совершение земного поклона (*саджда*), ни внутренне, через поиск Реальности (*хакика*), обманывают сами себя, и каждый раз при появлении посланника, они злословят и насмехаются (*ястахзиун*) и над ним, и над посланием Истины, которое он несет. О насмешке в Коране говорится как об одном из наисквернейших качеств человека. Это циничное, отчаянное проявление грубого низшего эго, господствующего в человеке. Высмеивая кого-то, мы утверждаем тем самым собственную «правоту» на фоне его «прегрешений». Самовосхваление определенно указывает на ограниченность и, следовательно, слабость человека.

Аллах разъясняет в Коране, что те, кто насмехается, удостаиваются самых тяжких страданий – как внешних, так и внутренних. Не стоит смотреть с презрением на творение, поскольку, в конечном счете, даже мельчайшие из живых существ, микробы, несут в себе потенциальную опасность для жизни человека. Маленький камешек, на который никогда не обратишь внимания, способен проломить голову. Не стоит относиться с презрением к тому, чего не понимаешь. Нужно сосредоточиться и сохранить энергию для дальнейшего продвижения по пути самопознания. Насмешка рассеивает энергию, тогда как путь Ислама, путь позитивного, радостного существования, сохраняет ее и направляет на достижение успеха.

Единственной целью пути смирения является избавление от собственного эго, от своего ложного «я». Покончив с ним, человек вступает на порог Реальности, которая всегда была рядом с ним.

31. Алам йарау кам ахлакна каблахум-минал-куруни аннахум илайхим ла йаржи-'ун
Неужели они не видят, сколько поколений Мы погубили до них и что они не вернутся к ним?

Если каждый человек в отдельности, равно как и целые народы, культуры и цивилизации, не стремится к самопросветлению на пути самозабвения и покорности Реальности, от которой он никогда не был отделен, то он собьется с пути и окажется на обочине истории. Этот аят призывает задуматься над тем, сколько поколений, бывших до нас, уже было уничтожено и предано забвению. Связь с ними прервана, и их не вернуть назад. Наши предки, с их обычаями и культурой, канули в веках, практически не оставив за собой никаких следов.

Человек естественным образом привыкает к своему окружению, своей среде, желая сохранить свои внешний образ действий и привычки. Однако творение постоянно развивается и изменяется, и сквозь гул житейских событий до нас доносится отголосок вечности, чем и объясняется наша тяга к постоянству будничной рутины. По сути, человек является порождением своих привычек. Даже на биологическом уровне, клетки тела стремятся к сохранению и продолжению своего существования. Желание жить вечно возникает из нашей любви к Аллаху – Вечному, Постоянному, Непреходящему.

Все наше мироздание проникнуто и охвачено Законами Аллаха. Его Сущность не может быть постигнута тем, что плывет по течению бытия и само поддерживается энергией этого потока. Как может листок, упавший с ветки и скользящий по речной воде, понять сущность реки? Лишь отказавшись от своей сущности, сущности «листа», он сможет раствориться в потоке и объединиться с ним, став его частью – и только тогда он сможет постичь природу этого потока, который подхватил его и увлек за собой своим мощным течением.

وَإِن كُلٌّ لَّمَّا جَمِيعٌ لَّدَيْنَا مُحْضَرُونَ ﴿٣٢﴾

32. Уа ин-кул-лул-ламма жами-'ул-ладайна мухдарун
Воистину, все они будут собраны у Нас.

Существует только одно Божественное Присутствие (*аль-Хадра аль-Раббания*), и всё уже находится в Нем. Когда мы полностью осознаем и признаем этот факт, мы сможем за всем проявленным видеть только Господа, только одно Присутствие Милосердного. Выбор за нами.

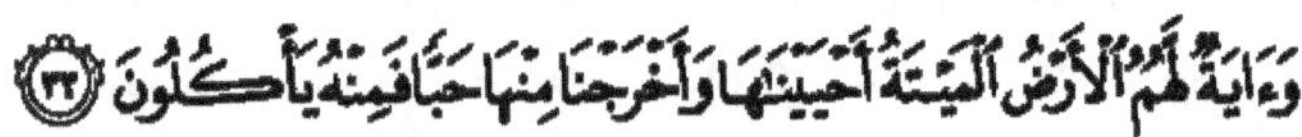

33. Уа Айатул-лахумул-ардул-майтах; ахйайнаха уа ахражна минха хаббан фаминху йа-кулун
Знамением для них является мертвая земля, которую Мы оживили и извлекли из нее зерно, которым они питаются.

Это первое из девяти знамений, проявленных одно за другим, чтобы человек смог достичь высшего знания о действиях Божественных Законов на нашем плане бытия. Существует определенный порядок их проявления и причина, задающая его. Коран обычно начинает с описания наиболее очевидных и явных знамений и постепенно подводит к едва различимым знакам.

Все сущее – это свидетельствование Всевышнего Аллаха. Куда бы мы не посмотрели, мы повсюду обнаружим знамения, зачастую скрытые в противоположностях. Одним из таких знамений является Земля – прежде безжизненная, но ожившая и ставшая плодородной. Земля имеет свою ритмичность и цикличность, благодаря которой на ней поддерживается жизнь. Многообразие явлений, образующих в совокупности единую экосистему – это знамения, указывающие на скрытого за всем Единого Вседержителя.

В этом аяте нам напоминают, что после своего сотворения Земля долгое время оставалась безжизненной. Со временем она начала остывать, и из расплавленного состояния превратилась в твердь, после чего сразу же пролился дождь, и на ее поверхности образовались океаны и озера. Из воды и почвы появились живые организмы. Геологические исследования показали, что этот процесс растянулся на несколько сотен миллионов лет.

Арабское слово хабб, «зерно», обозначает также семя. Чтобы реализовать свой истинный потенциал, семя растения или дерева должно прорваться, вырваться из собственных границ, аннулируя себя в сложном процессе преобразования.

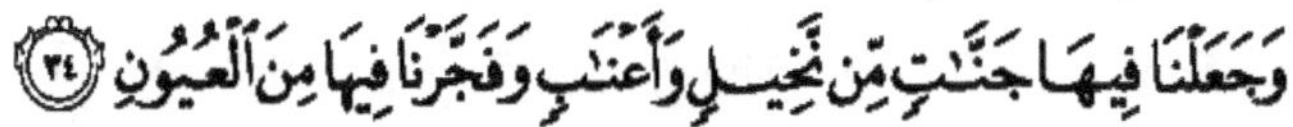

34. Уа жа-’ална фиха жаннатим-мин-нахилиу-уа а’на-биу-уа фажжарна фиха минал-’уйун
Мы создали на ней сады из пальм и винограда и заставили биться в них источники,

Слово «сады» (*джаннат*) указывает либо на видимый природный сад, либо на внутренний, незримый Сад. Когда в Коране говорится о садах, питаемых подземными источниками, речь идет обычно о «состоянии» пребывания в Райском Саду – состоянии внутреннего спокойствия, умиротворения, полной удовлетворенности и радости.

После сотворения и зарождения жизни на Земле, на ее поверхности возникло множество роскошных садов, среди которых – виноградники и пальмовые сады. Финиковая пальма считается одним из древнейших и наиболее развитых видов растения, которое занимает промежуточное положение между растительным и животным царствами. У финиковой пальмы есть сердце. Она умрет, если ее залить водой выше определенной отметки – уровня ее сердца. Бытует общепринятое мнение, что финиковая пальма обладает зачатками сознания. Это двудомное растение – женские особи опыляются мужскими деревьями, что приводит к появлению плодов. На Востоке сохранился обычай запугивать женские деревья, растущие в старых пальмовых рощах, если на протяжении нескольких лет они не приносят плодов.

«И заставили биться в них источники». Слово «источники» (*уюн*) – это множественное число слова аюн, что означает также «первопричина». Таким образом, другой смысл этого аята заключается в том, что состояние Райского Сада исходит, или проистекает, из первопричины.

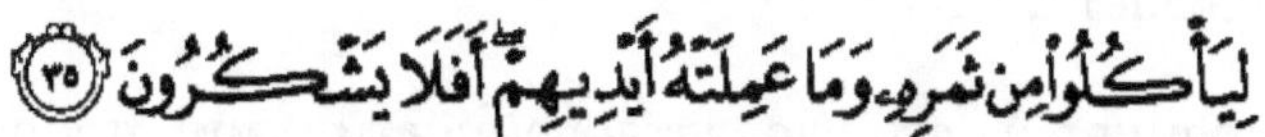

35. Лийа-кулу мин самарихи, уа ма 'амилат-ху айдихим; афала йаш-курун
Чтобы они вкушали их плоды и то, что создали своими руками (или чтобы они вкушали плоды, которые они не создали своими руками). Неужели они не будут благодарны?

В Коране есть множество аятов, имеющих несколько одинаковых смысловых значений, в чем проявляется еще один аспект безграничной красоты и величия этой Книги. Одно из значений этого аята заключается в том, что люди употребляют в пищу плоды деревьев, а также «то, что создали своими руками», т.е. продукты и субпродукты, полученные из этих плодов: сушеные фрукты, сиропы, соки и т.д. Другой смысл в том, что человек самостоятельно не может получить необходимое для его существования, так может, стоит проявить благодарность за щедрость этого сада?

Земные сады – это прелюдия и предвкушение Райского Сада, как будто нас уже в этом мире начинают постепенно знакомить с ним. То же самое можно сказать и про обжигающее состояние волнения, возбуждения и схожие с ним состояния. Они также мало-помалу подготавливают нас к Огню – состоянию, переживаемому на следующем уровне сознания. Состояние Райского Сада – это чистое и возвышенное состояние, требующее предварительной подготовки, без которой невозможно достичь абсолютного блаженства в Грядущем мире. Поток сознания непрерывен как в прямом, так и в обратном направлении. Каждый шаг порождает следующий.

Состояние радости, удовлетворенности и умиротворения вкупе с благими деяниями ведут в Райский Сад, тогда как страдания, волнения и тревоги наряду с дурными поступками обеспечивают, в конечном счете, состояние вечного Пламени. Ключом к входной двери в Райский Сад служит благодарность (*шукр*), которая освобождает человека от желаний и ожиданий, раскрывая ему сердце для укрепления веры (*иман*) и света (*нур*) знания, в котором он может видеть проявления Аллаха в каждом творении.

سُبْحَٰنَ ٱلَّذِى خَلَقَ ٱلْأَزْوَٰجَ كُلَّهَا مِمَّا تُنۢبِتُ ٱلْأَرْضُ وَمِنْ أَنفُسِهِمْ وَمِمَّا لَا
يَعْلَمُونَ ﴿٣٦﴾

36. Субханаллази халакал-азуажа куллаха мимма тумбитул-арду уа мин анфусихим уа мимма ла йа’-ламун

Преславен Тот, Кто сотворил парами то, что растит земля, их самих и то, чего они не знают.

За благодарностью (*шукр*) следует состояние восхваления, так как благодарность и отречение естественным образом вводят в такое возвышенное состояние, в котором ни одно из человеческих качеств больше неприменимо к Аллаху. Все сущее на земле, включая внутреннее и внешнее пространство человека, основано на принципе парности (*азвадж*), на дополняющих друг друга противоположностях. Тот, Кто сотворил все пары, свободен от их двойственности. Аллаху ничего не нужно, однако все Его творение нуждается в Нем.

Восхваление проистекает из восприятия таинственности и чудотворности бытия. Весь наш мир состоит из противоположностей, и выход за пределы его восприятия зависит от способности объединить их.

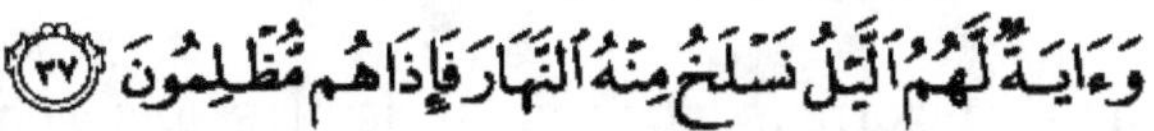

37. Уа Айатул-лахумул-Лайлу наслаху минхун-Нахара фа-иза хум-музлимун
Знамением для них является ночь, которую Мы отделяем ото дня, и вот они погружаются во мрак.

Слово салаха, «отделять», означает в большинстве случаев «сдирание кожи», что предполагает наличие у физического объекта или организма внешнего слоя. Мрак ночи, в метафорическом смысле – это тьма невежества или забытья. Один из внутренних смыслов этого аята заключается в том, что в основе творения лежит несуществование, абсолютный покой, небытие. Фраза «отделяем от дня» подразумевает, что ночь – это тело, а день – ее кожа. Основу творения составляет космическая мгла, которая только внешне облачена в сияние света. Ведь солнечный свет не может проникнуть глубоко в недра Земли – он лишь слегка освещает ее поверхность. Все, что находится под поверхностью, остается в темноте. По сути, природа света заключается в непрерывном возбуждении фотонов и волн, тогда как темнота – это тишина и покой. Поэтому ночь символизирует состояние, предшествующее процессу сотворения.

Чтобы увидеть свет истины, нужно подойти к

поверхности самих себя и выбраться из темных коридоров собственного эго (*нафс*) и порожденных им иллюзий. Мы не принадлежим этому миру: мы в нем, но мы не его породы. Мы ощущаем свое эго, но оно не является нашей истинной реальностью. И как только мы ощутим свет нашего высшего «я», мы тут же наполнимся радостью самопробуждения.

Настоящий искатель должен выяснить для себя, что стоит за каждой фразой в Коране. «Знамением для них является ночь, которую Мы отделяем ото дня». Это замечательное высказывание, и его не стоит бояться. Его нужно исследовать, с искренностью и смирением, и тогда свет Ислама развеет мрак невежества и войдет в наше сознание.

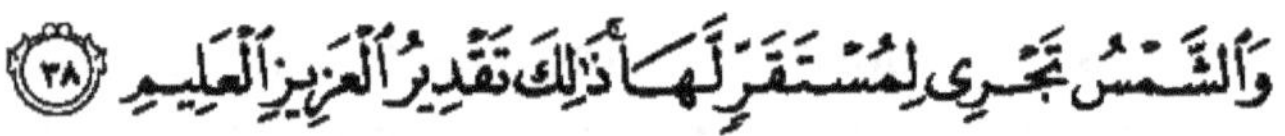

38. Уаш-Шамсу тажри ла-муста-каррил-лаха; залика такдирул-'азизил-'ал-им
Солнце плывет к своему местопребыванию. Таково предустановление Могущественного, Знающего,

Творение основывается на противоположностях, и все функционирует в соответствии с мерой. Все движется по заданному курсу в пространственно-временном континууме. Таков замысел Могущественного (*аль-Азиз*), Знающего (*аль-Алим*). Все предопределено согласно знанию, которое запрограммировано в самом творении – оно исходит от Знающего и проявлено Его могуществом. В мире нет хаоса – всюду царит лишь гармония, недоступная обычному восприятию.

Арабское слово азиз, «могущественный», обозначает также «редкий, драгоценный, труднодостижимый».

Как правило, когда аят заканчивается каким-либо из Божественных Имен Аллаха, мы можем проследить прямую связь между этим Именем и содержанием аята. Имена используются для раскрытия и расшифровки внутреннего смысла аята. И, наоборот, в описании событий раскрывается значение Имени.

Здесь атрибут «Могущественный» (*аль-Азиз*) обозначает солнце, а «Знающий» (*аль-Алим*) указывает на его предопределение. На солнце постоянно происходят мощные по свое природе процессы саморазрушения и преобразования водорода в гелий. Они, как и весь естественный, размеренный ход событий, заданы Единым, Знающим.

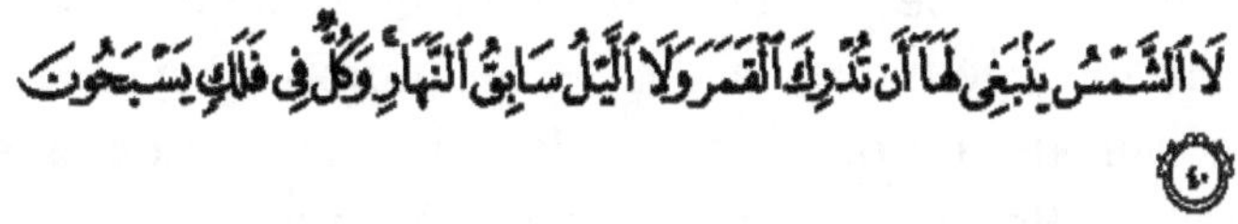

40. Уал-Камара каддарнаху маназила хатта ’ада кал-’уржунил-кадим
Мы предопределили для луны положения, пока она вновь не становится подобна старой пальмовой ветви.

Также предопределена и смена лунных фаз, необходимая для поддержания жизни и экологического баланса на Земле. Луна и лунный свет оказывают огромное влияние на все живое: на растения, на их циклы роста и развития, на циклы приливов и отливов, на людей и на все живые существа. Циклы луны – нарастающий и убывающий – символически отображают циклический процесс роста творения до созревания, до полного цветения, а затем – угасания и умирания. Все в мироздании имеет свою цикличность, включая человека, который развивается из состояния физической слабости и немощи до полного расцвета сил, и затем в обратном порядке – постепенно угасая, к смерти.

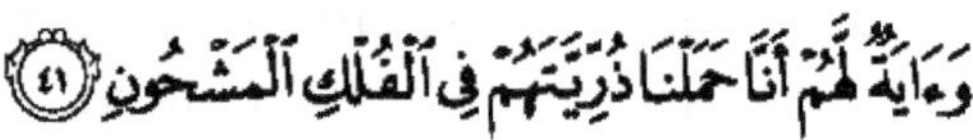

41. Лаш-Шамсу йамбаги лаха ан тудрикал-Камара уа лал-Лайлу сабикун-Нахар; уа куллун-фи фалакий-йасбахун
Солнцу не надлежит догонять луну, и ночь не опережает день. Каждый плывет по орбите.

Каждое живое существо придерживается своего предопределенного, заранее заданного курса. Ночь никогда не обгонит день. Все планеты подчинены законам Вселенной и движутся по своим заданным орбитам, не обгоняя и не препятствуя друг другу. Каждая вещь в бытии приводится в движение согласно тому же принципу, за которым – Непостижимый, Вечный Аллах. Наивысшее состояние, которого можно достичь – это состояние восхваления (*тасбих*) Творца, исполненное трепетным благоговением перед повторяющейся цикличностью бытия, и пребывание в каждое мгновение своей жизни в полной гармонии с ней.

وَخَلَقْنَا لَهُم مِّن مِّثْلِهِۦ مَا يَرْكَبُونَ ﴿٤٢﴾

42. Уа Айатул-лахум анна хамална зурриййатахум фил-фулкил-маш-хун
Знамением для них является то, что Мы перенесли их потомство в переполненном ковчеге.

В исторической перспективе, здесь говорится о потомках Пророка Ноя. Это можно также сравнить с человеческим эмбрионом в утробе матери. В арабском языке слово «ковчег» (*фулк*) близко (*различие лишь в двух гласных*) к слову «орбита» (*фалак*) из предыдущего аята, в котором говорится, что планеты буквально «плывут» по своим орбитам, хотя имеется в виду, что «каждая планета следует заданной орбите». Корабли тоже плывут, но только не в воздушном, а водном пространстве. Естественные связи явлений, существующие в творении, отражаются в языке с помощью верно подобранных слов и выражений.

Арабское слово машхун, «переполненный», означает также «исполненный» или «обремененный», указывая на то, что все исполнено выполнением своей миссии по увековечиванию Вечного, Непреходящего (*аль-Баки*). Здесь раскрывается смысл фразы «иметь потомство» (*зуриййа*) – это увековечивание Божественного акта. Супружеская жизнь – это совершение богослужения. Любое свое действие мы обязаны начинать с интимной близости с Именем Аллаха, Милосердного, Милостивого (*Бисмилля ир Рахман ир Рахим*). Так материализуется и увековечивается песня единства (*вахда*). Если мы слышим, как она звучит в нашем сердце, мы услышим ее продолжение и вовне – в наших детях.

وَإِن نَّشَأْ نُغْرِقْهُمْ فَلَا صَرِيخَ لَهُمْ وَلَا هُمْ يُنقَذُونَ ﴿٤٣﴾

43. Уа халакна лахум-мим-мислихи ма йаркабун
Мы создали для них по его подобию то, на что они садятся.

Все в мироздании имеет свою орбиту и центр вращения. Подобные аяты приводят нас к размышлениям о поразительном единстве, заключенном в многообразии, чтобы мы смогли пробудиться к высшему состоянию трепетного благоговения и восхваления, к полной осознанности. Во внешнем мире мы перемещаемся по земле и по воздуху всеми доступными нам транспортными средствами, в то время как в духовном путешествии мы летаем в своем внутреннем космосе верхом на звездах – Атрибутах Аллаха.

44. Уа ин-наша нугрикхум фала сариха лахум уа ла хум йунказун
И если Мы пожелаем, то потопим их, и тогда никто не спасет их, и сами они не спасутся,

Наше существование держится на равновесии. Когда оно нарушится слишком сильно, то по воле Аллаха все эти люди будут потоплены. Его воля проявляется в законах, которым подчинено все видимое и невидимое, и в случае их нарушения людей забирают и возвращают к своему Источнику. Тот же самый принцип действует внутри каждого из нас. Мы можем барахтаться в море собственной самости (*низшего нафса*), выражая пренебрежение законами своим внешним поведением. Во внешней жизни тоже есть свои правила – прежде, чем отправиться в морское путешествие, необходимо убедиться, что судно пригодно для плавания. Дорога к внутреннему очищению и осознанию требует защиты и укрепления, так как в противном случае, человек потонет в бурях сомнений, тревог, отчаяний, иллюзий и заблуждений.

Но приходит время, и равновесие уже ничем не восстановить, кроме как неотвратимым бедствием. Обращаясь к своему народу с откровением Истины, Пророк Ной сказал, что они должны сменить свой курс, изменить манеру поведения, пока не стало слишком поздно. Он предупреждал об ужасных последствиях их деяний. Затем он воззвал к Аллаху: «Я взывал к ним ночью и днем, но они не слышали в своем упрямстве». В ответ Ной услышал, что если он не может спасти свой народ, ему следует позаботиться о собственной жизни и жизни тех, за кого он отвечает. Волна неправедных деяний достигла своего пика и была готова вот-вот обрушиться на людей.

Безопасная навигация гарантирована только тому, кто поднимется на борт ковчега Книги Реальности – Корана, и проложит себе маршрут на следование Сунне Пророка Мухаммада – Посланнику и Посланию.

وَإِذَا قِيلَ لَهُمُ اتَّقُوا مَا بَيْنَ أَيْدِيكُمْ وَمَا خَلْفَكُمْ لَعَلَّكُمْ تُرْحَمُونَ ﴿٤٥﴾

45. Илла Рахматам-минна уа мата-'ан ила хин
Если только Мы не окажем им милость и не позволим им пользоваться благами до определенного времени.

Не существует иного спасения, кроме милости Аллаха. Слово мата›а (*«блага»*) означает провизию, которую человек берет с собой в путешествие с расчетом лишь на какое-то определенное время. Оно также означает «ручную кладь, багаж», поскольку человек берет с собой в качестве багажа только самое необходимое для конкретной поездки. В аяте говорится, что если бы не милость Аллаха и не обеспечение Им всем необходимым для прохождения нами жизненного пути, мы бы утонули в море невежества. В действительности, мы можем пользоваться этими благами каждое мгновение нашей жизни.

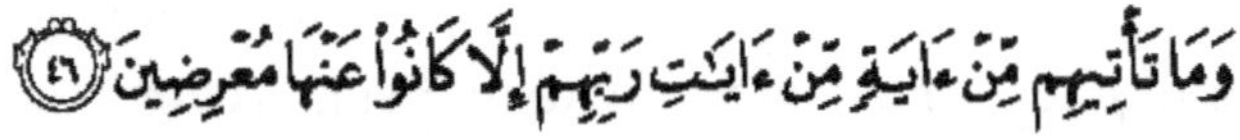

46. Уа иза Кила лахумуттаку ма байна айдикум уа ма халфакум ла-'аллакум турхамун
Когда им говорят: «Бойтесь того, что перед вами, и того, что после вас, чтобы вы были помилованы», – они не отвечают.

Это предостережение о необходимости внимательного и осознанного отношения человека ко всем своим поступкам, к тому, что он собственноручно совершает, а также к намерениям стоящим за каждым его действием, ведь его настоящее есть воплощение его прошлого. Все, что находится перед ним, накладывается на его прошлое и превращается в его будущее. Поэтому необходимо полностью осознавать мотивацию каждого своего поступка, поскольку только это и выведет нас либо к спасению, либо к осуждению, и в каждый миг мы сами плетем узор своей судьбы. Все добрые и дурные предзнаменования, все причины наших страданий, а также нашего спасения находятся в нас самих – они вписываются нашими намерениями в скрижаль наших деяний.

Нужно постоянно пребывать в осознании этого, и тогда уже в этой жизни мы сможем обрести внутреннее, духовное наполнение и постичь милосердие Аллаха, ибо «Аллах предписал Себе милосердие» (6: 12). Постоянное осознание того, кто мы есть в каждый данный момент и кем мы были в прошлом, позволит нам выявить причинно-следственную связь внутри нас самих и прийти шаг за шагом к постижению законов бытия.

47. Уа ма та-тихим-мин Айатим-мин Айати Раббихим илла кану ’анха му’-ридын

Какое бы знамение из знамений их Господа не явилось к ним, они непременно отворачиваются от него.

Здесь говорится не только о жителях Антиохии

в частности, но и в целом обо всех людях, к кому пришел Пророк Мухаммад, включая нас самих. Мы не воспринимаем явленные нам знамения, указывающие на путь истинного существования. Мы не позволяем откровению войти и преобразовать нас. Этот аят перекликается с одиннадцатым аятом: «Ты можешь предостеречь только того, кто последовал за Напоминанием». Какое бы знамение ни послал им Господь, они отвергают его, поскольку желают воспринимать только ту реальность, в которую они вложили все свои силы и средства – все то, что они создали для себя своим собственным воображением (*вахм*).

وَيَقُولُونَ مَتَىٰ هَٰذَا ٱلْوَعْدُ إِن كُنتُمْ صَٰدِقِينَ ﴿٤٨﴾

48. Уа иза кила лахум анфику мим-ма разакнакуму-ЛЛаху калаллазина кафару лиллазина аману анут-'иму маллау йаша-у-ЛЛаху ат-'амах? Ин антум илла фи далалим-мубин

Когда им говорят: «Расходуйте из того, чем вас наделил Аллах», – неверующие говорят верующим: «Неужели мы будем кормить того, кого накормил бы Аллах, если бы пожелал? Воистину, вы лишь находитесь в очевидном заблуждении»!

Коран непрерывно взывает к щедрости и отдаче. В нем нет ни строчки, призывающей брать или получать. В нем не говорится ни о зарабатывании денег, ни о накоплении материальных благ и прочих подобных занятиях в этом мире. Коран против накопления. Книга Реальности, путь к Реальности, основывается не на приумножении своих желаний и привязанностей, а на отказе от них. Нужно научиться отдавать, чтобы щедро делиться дарованными нам благами. Основная задача сводится к умению делиться и проявлять заботу, а смысл отдачи заключается в том, чтобы раздавать все, что нам так нравится и мы хотели бы оставить у себя. В отдаче мы соединяемся с всеобъемлющими Атрибутами Милости и Щедрости Аллаха.

Средства к существованию (*ризк*) предполагают разнообразные формы питания, наивысшая из которых – это сокровенное внутреннее знание, а нижайшая – материальная пища и благосостояние. Самая возвышенная, духовная пища приходит к человеку в результате его самоотречения, когда у него больше нет ни желаний, ни ожиданий, и он помнит, что, придя в этот мир ни с чем, он ни с чем его и покидает. Духовное средство к существованию – это истинное отречение, истинный Ислам, смирение, не знающее ни преград, ни разделения. Это знание Господа.

Отдача – это не только занятие благотворительностью. Быть отдающим – значит быть проводником милости Аллаха, быть внутренне опустошенным, чтобы иметь возможность постоянно наполняться. Тот, кто отрицает и скрывает Реальность (*кафирун*), стремится закрепить свое материальное положение, поскольку он живет своей обособленной жизнью и воспринимает себя отдельно от Аллаха. Он воспринимает все с позиции двойственности, и потому его Бог далек от него, и он твердит: «Почему бы Аллаху не сделать это Самому?» Он упускает смысл существования и не видит, что Аллах действует в Своем мироздании через сотворенных Им живых существ. Мы не отделены от Реальности, а у Реальности нет ни начала, ни конца. Аллах ближе к нам, чем яремная вена. Только наше физическое тело имеет начало и окончание, но, в своем невежестве, мы ошибочно отождествляем себя с ним. В этом смысл отрицания и скрытия (*куфр*).

Тот, кто отрицает, находится в таком дремучем забытье, что откровение Истины (*таухид*) никак не может пробраться к нему. Он видит только внешние аспекты бытия, и у него не возникает даже мысли о внутренней, духовной работе. Всевышний Аллах установил законы творения, и тот, кто им следует, соединяется с Ним. Тот, кто их отрицает, будет в убытке, и поэтому его уделом станут страдания, хотя внешне он может выглядеть вполне респектабельным и успешным.

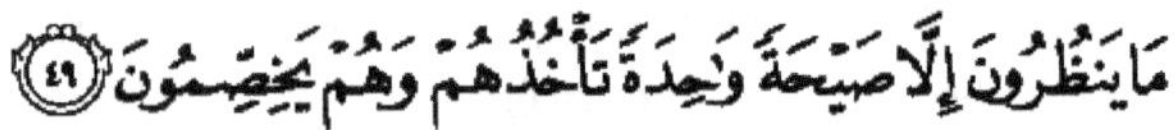

49. Уа йакулуна мата хазал-уа'-ду ин-кунтум-садикин
И они говорят: «Когда сбудется это обещание, если вы говорите правду?»

Тот, кто отрицает и скрывает Реальность, обманут иллюзией времени. Он не понимает, что статическое восприятие времени – это подарок Аллаха человеку, благодаря которому можно прийти к ощущению безвременья. Пребывая в глубоком забытье, он даже не вспоминает о том, что так или иначе, его земной путь закончится могилой. Ему невдомек, что человеческая жизнь подвешена на тонкой нити дыхания.

فَلَا يَسْتَطِيعُونَ تَوْصِيَةً وَلَآ إِلَىٰٓ أَهْلِهِمْ يَرْجِعُونَ ﴿٥٠﴾

50. Ма йан-зуруна илла Сайха-тау-уахидатан та-хузухум уа хум йахисс-имун
Им нечего ожидать, кроме одного только гласа, который поразит их тогда, когда они будут препираться.

Время само по себе не имеет никакого смысла. Аллах говорит, что вопрос времени весьма условен и только вводит в заблуждение. Люди не смогут понять, пока не раздастся глас, который они ощутят, как неожиданное жесткое потрясение. Это означает полный сбой в системе. Одиночный глас (*сайха уахида*) разрушает сложившийся уклад жизни и переживание времени.

«Один глас» – это первый сигнал, сообщающий о завершении творения как личности. Второй сигнал, о котором говорится далее – это «воззвание», призывающее нас откликнуться на него и возродиться в наших действиях и намерениях. В этот момент мы переживаем все, во что мы вложились, что нам было дорого за короткий промежуток предыдущего существования. На следующем плане бытия мы либо вольемся ощущениями в поток милости, если смогли отдаться ему и позволили литься внутри, либо потерпим полное поражение, если все, что мы делали, сводилось лишь к раздуванию огромного пузыря материального эго.

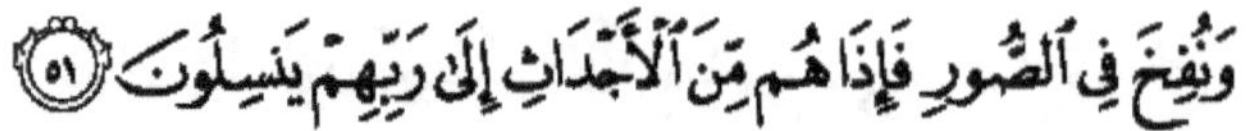

51. Фала йастаты-'уна таусы-йатау-уа ла ила ах-лихим йаржи-'ун
Они не смогут ни оставить завещание, ни вернуться к своим семьям.

Все, чем они были заняты всю свою жизнь, все их многочисленные планы, проекции и схемы – все рушится в одночасье. Больше ничего не вернуть и не к кому обратиться. Абсолютно беспомощные, они будут застигнуты врасплох.

«...Ни вернуться к своим семьям». Невозможность вернуться к своим семьям означает, что они больше не смогут вернуться ко всему знакомому и привычному. Их миру пришел конец, так что у них больше нет ни малейшей возможности действовать дальше, и теперь им не к кому и незачем взывать.

Арабское слово вафа(х), «смерть», образовано от глагольного корня вафа›, что также означает «быть верным, преданным». Умирая, мы проявляем верность сотворенной реальности. Приходит время, и душа отделяется от тела. Душа (*рух*) возвращается к своему источнику, к Аллаху, а тело превращается в прах, из которого оно было создано. Таким образом, творение всегда остается преданным и верным своему первоисточнику.

قَالُوا يَا وَيْلَنَا مَنْ بَعَثَنَا مِنْ مَرْقَدِنَا هَٰذَا مَا وَعَدَ الرَّحْمَٰنُ وَصَدَقَ الْمُرْسَلُونَ ﴿٥٢﴾

52. Уа нуфиха фис-Сури фа-иза хум-минал-аждаси ила Раббихим йансилун
Протрубят в Рог, и вот они устремляются к своему Господу из могил!

Второй сигнал – это сигнал, возвещающий о Воскрешении, это призыв к ответу. С первым сигналом наступает индивидуальная смерть, или конец собственного мира. Душа остается в промежуточном состоянии (*барзах*) до наступления следующей стадии, когда все мироздание прекратит свое существование, а души (*арвах*) – энергии, пребывающие в пассивном состоянии – внезапно активизируются и возродятся.

Этот сигнал аллегорически изображается в виде резкого звука трубы или «рога» (*сур*), так как все внезапно срывается со своего места и предстает в ясном виде. Все тайное становится явным, и ничему не укрыться – ни в сердце, ни в могиле. Звук начала Воскрешения возвещает об объединении Зримого и Незримого. Тайное и явное больше не разделены друг с другом, поскольку в ощущении пространства и времени больше нет двойственности и отделенности от Аллаха. Есть лишь безграничное сияние света Истины.

إِن كَانَتْ إِلَّا صَيْحَةً وَاحِدَةً فَإِذَا هُمْ جَمِيعٌ لَّدَيْنَا مُحْضَرُونَ ﴿٥٣﴾

53. Калу йа-уайлана мам-ба-'асана мим-маркади-на-Хаза ма уа-'адар-Рахману уа садакал-мурсалун
Они скажут: «О горе нам! Кто поднял нас с места, где мы спали?» Это – то, что обещал Милостивый, и посланники говорили правду»!

Фраза «место, где мы спали» (*маркад*) означает состояние покоя и умиротворения, которое наступает после смерти. Когда это полудремное состояние резко прерывается звуком рога, спящие пробуждаются для посмертного существования в состоянии сверхсознания. Слово маркад означает также сон невежества, в котором пребывают те, кто на протяжении всей своей жизни отвергал послание Реальности.

На свой вопрос «кто пробудил нас ото сна?» они получат ответ: «Милостивый, как Он обещал и подтверждал через Своих посланников», что имеет три различных варианта толкования. Некоторые комментаторы считают это ответом ангелов, другие – ответом тех, кто жил в истинной вере и смирении, а ряд толкователей полагают, что это ответ Истины, раздающийся внутри самих спящих – тех, кто скрывал Реальность, о существовании которой они знали где-то в глубине своего естества.

فَالْيَوْمَ لَا تُظْلَمُ نَفْسٌ شَيْئًا وَلَا تُجْزَوْنَ إِلَّا مَا كُنتُمْ تَعْمَلُونَ ﴿٥٤﴾

54. Ин-канат илла Сайха-тау-уахидатан фа-иза хум жами-’ул-ладайна мухдарун
Будет один только глас, и все они будут собраны у Нас.

Первый глас провозглашает конец физической жизни, второй возвещает о вхождении в переходное метафизическое состояние между смертью и Воскрешением, и на третьем этапе раскрывается Божественное Присутствие. Каждый раз речь идет только об одном звуке, поскольку это лишь один сигнал, одно действие, одно мгновение, когда все моментально предстает перед Единой, Единственной Реальностью, существовавшей все это время. Теперь они видят только Единое Бытие. Это событие описывается в отдельных трех главах как отзвуки эха, хотя со стороны Аллаха все действия включены в единовременное проявление Божественной Воли: «Будь! – как это сбывается». Свершение воли Аллаха происходит вне времени, но ощущается творением поэтапно.

Время создано Аллахом нам во благо – в течение времени мы развиваемся. Ощущение времени дано нам как блаженный дар, и поэтому, тот, кто находится в состоянии самозабвения, способен воспарить в восходящем потоке прославления (*тасбих*), а тот, кто привязан к своему материальному эго, срывается вниз и идет ко дну.

Все души (*рух*) предстанут, как одна, поскольку все они возникли из одной яркой вспышки. Теперь, когда отделенность больше не ощущается, все снова соберется в одну плотную сингулярность, предшествующую Большому взрыву.

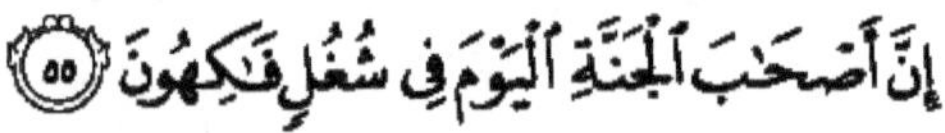

55. Фал-Йаума ла тузламу нафсун шай ау-уа ла туж-зауна илла ма кунтум та'-малун
Сегодня ни одной душе не будет причинено никакой несправедливости, и вам воздастся только за то, что вы совершали.

Слово яум (*день*) также означает «время, срок, эпоха». В данном контексте оно обозначает следующее состояние, в котором больше нет ощущения двойственности, поскольку вне времени и пространства есть только сущность, единое существование.

«И вам воздастся только за то, что вы совершали». Мы наполним чашу весов собственными намерениями и деяниями, совершенными в прошлой жизни, и увидим результат (*джаза'*). Все наши намерения предстанут перед нами в истинном свете, и мы получим причитающиеся нам вознаграждение или наказание. И тогда уже никто никому не сможет учинить несправедливость, даже самому себе, поскольку царство деяний закончилось, и невежество рассеяно.

هُمْ وَأَزْوَٰجُهُمْ فِى ظِلَٰلٍ عَلَى ٱلْأَرَآئِكِ مُتَّكِـُٔونَ ﴿٥٦﴾

56. Инна Ас-хабал-Жаннатил-Йаума фи шугулин-факихун
Воистину, обитатели Рая сегодня будут заняты наслаждением.

На физическом уровне существования они также получали наслаждение, пребывая в осознанности и стремлении к окончательному очищению. И наконец, очистив свое сердце от оставшейся накипи, они входят в состояние Райского Сада.

لَهُمْ فِيهَا فَٰكِهَةٌ وَلَهُم مَّا يَدَّعُونَ ﴿٥٧﴾

57. Хум уа азуажухум фи зылалин ’алал-ара-ики муттаки-ун
Они и их супруги будут лежать в тенях на ложах, прислонившись.

Их души безмятежны и спокойны, поскольку они объединились в пары, и это объединение противоположностей дарует им покой и умиротворение. Образование пары (*заудж*) – это союз со своей противоположностью, образующий единение.

Фраза «…в тенях на ложах, прислонившись» означает, что страдание, порожденное двойственностью, сменяется полным спокойствием и умиротворением. Теперь они нашли свое последнее прибежище в тени (*зилл*) Реальности, где их освежает прохлада Единения.

Этот и схожие с ним аяты имели особое значение для арабских народов, впервые услышавших Коран, поскольку физической средой, в которой расцвели первые цветы Ислама, были палящая жара, страшный зной и бесплодная пустыня, и поэтому прохлада тени ассоциировалась у них с блаженством, с облегчением, с полной удовлетворенностью.

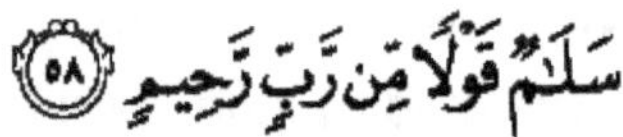

58. Лахум фиха факихатуу-уа лахум-ма йадда-'ун
Там для них есть фрукты и все, что они потребуют.

В этом состоянии свободы и блаженства, все, что они ни попросят, будет исполнено. Любое возникшее желание сразу же получает удовлетворение. Это означает, что ни желаний, ни сожалений больше не существует.

وَامْتَازُوا الْيَوْمَ أَيُّهَا الْمُجْرِمُونَ ﴿٥٩﴾

59. Саламун-Каулам-мир-Раббир-Рахим
Милосердный Господь приветствует их словом: «Мир!»

Они ощущают только мир (*салам*), приветствие и признание со стороны Единства Милосердного Господа. Это признание нисходит от Его Господства – от Сущности без Атрибутов.

۞أَلَمْ أَعْهَدْ إِلَيْكُمْ يَٰبَنِيٓ ءَادَمَ أَن لَّا تَعْبُدُوا۟ ٱلشَّيْطَٰنَ ۖ إِنَّهُۥ لَكُمْ عَدُوٌّ مُّبِينٌ ٦٠

60. Уамтазул-Йаума аййухал-мужримун
Отделитесь сегодня, о грешники!

Люди сами вредят себе своим отрицанием и слепой приверженностью иллюзиям (*вахм*), тем, что они постоянно строят собственные концепции материального мира, и даже не подвергают сомнению его очевидную изменчивость и непостоянство. Чем сильнее развиты наши чувства, тем больше требуется для их удовлетворения. Потворство желаниям приводит к их усилению. Их можно сравнить с огнем – чем больше в него подкидывают дров, тем интенсивнее пламя, которое, в конечном счете, может превратиться в неуправляемый пожар. Его противоположность – охлаждающая влага покоя, умиротворения и мира (*салам*), и в этом истинное предназначение Ислама.

61. Алам а'хад илайкум йа-Бани-Адама алла та'-будуш-Шайтан; иннаху лакум 'адуууум-мубин
Разве Я не завещал вам, о, сыны Адама, не поклоняться шайтану, который является вашим явным врагом!

И снова голос Истины вопрошает: «Разве Я не давал вам Свой завет? О, сыны Адама, разве я не связал вас обетом не поддаваться этой разрушительной энергии, уводящей в иллюзии и фантазии? Это и есть ваш внутренний враг!»

Такое энергетическое состояние, обозначенное в Коране термином Шайтан и переведенное на европейские языки как «Сатана» (*с неверно вложенным смыслом*), возникает постоянно. Все беды, посылаемые Шайтаном, проверяют человека на прочность – они позволяют увидеть, готов ли человек засиять своим внутренним светом, или нет. Творение Аллаха совершенно, и для каждой вещи Он определил свое место. Он не пустит человека в Свое Божественное Присутствие, пока тот не будет по-настоящему готов, пока его сущность не пробудится и не перестанет потакать Шайтану.

У нас есть выбор: либо мы будем двигаться заманчивым, но скользким путем видимых удовольствий, либо предадим себя, свою жизнь в руки Милосердного, пребывая в твердой убежденности, что все, что к нам приходит – к лучшему, а наше внутреннее и внешнее знание объединятся в одно истинное Знание.

وَلَقَدْ أَضَلَّ مِنكُمْ جِبِلًّا كَثِيرًا أَفَلَمْ تَكُونُوا تَعْقِلُونَ ﴿٦٢﴾

62. Уа ани'-будуни. Хаза Сыратум-Мустаким
И поклоняться Мне? Это – прямой путь.

Прямой путь – это прямая линия, наикратчайшее расстояние между двумя точками, между нашим воображаемым «я» и Аллахом. Это путь смирения, путь истинного самоотречения. Производное от арабского глагола 'абада, «поклоняться» – слово му'аббад, что означает «ровная, гладкая поверхность» дороги. В состоянии поклонения (*'ибдах, образовано от того же корня*), подлинного благоговения, исчезает любое сопротивление, и путь к Аллаху становится гладким и легким. Тогда путь – уже не линия, хоть она и соединяет две точки. Линия возникает, только когда мы оступаемся с пути, но если мы совмещаем линию пути с нашим мировоззрением, то это уже не линия. Тогда возникает единственная точка – точка буквы «ба» в слове бисмилла (*во Имя Аллаха*) – поскольку мы были верны Имени, а Имя – это показатель, это стрелка, указывающая на неповторимые особенности каждого из нас.

63. Уа лакад адалла минкум жибиллан-касира. Афалам такуну та'килун
Он уже ввел в заблуждение многих из вас. Неужели вы не разумеете?

Большая часть человечества продолжает прозябать в глубоком забытье, они всегда остаются в убытке. Неужели мы не в состоянии извлечь уроки из нашей истории и из собственного жизненного опыта? По милости Аллаха, не все семена дают всходы. Большинство людей, как и эти семена, не имеют зачатков разума (*'акль*), и они не способны ни к осмыслению происходящего с ними, ни к расшифровке знамений, которые являются перед их внешним или внутренним взором.

اَصْلَوْهَا الْيَوْمَ بِمَا كُنْتُمْ تَكْفُرُونَ ﴿٦٤﴾

64. Хазихи Джаханнамул-лати кунтум ту-'адун
Вот Геенна, которая была вам обещана.

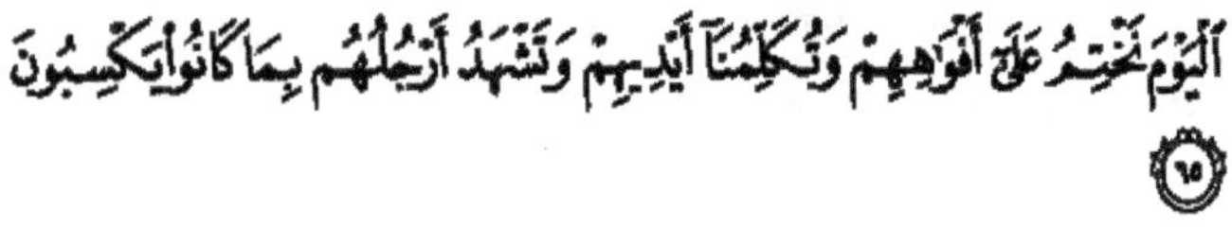

65. Ислау-хал-Йаума бима кунтум такфурун
Горите в ней сегодня за то, что вы не веровали».

Слово джаханнам (*«геенна, ад»*) по-арабски означает «бездонный ров», где нет ни секунды покоя – бездна (*хавия*), в которой все ее обитатели пребывают в состоянии непрерывного свободного падения, как при прыжке с парашютом, только земля никогда не появится, а парашют никогда не раскроется.

Это следующее состояние творения – бездонная пропасть, в которой невозможно достичь дна. Человек запрограммирован на поиск стабильности во всем, с чем он сталкивается, будь то взаимоотношения, жизненные обстоятельства или знания. По сути, мы стремимся к безопасности и постоянству. В состоянии геенны, или ада, нет ни того, ни другого, поскольку ему присущи полный хаос и непрекращающееся беспокойство. Это и есть вечное Пламя, уготованное человеку за отрицание Истины и отвержение света Знания, что препятствовали его естественному пробуждению и просветлению.

وَلَوْ نَشَآءُ لَطَمَسْنَا عَلَىٰٓ أَعْيُنِهِمْ فَٱسْتَبَقُوا۟ ٱلصِّرَٰطَ فَأَنَّىٰ يُبْصِرُونَ ﴿٦٦﴾

66. Ал-Йаума нахтиму ’ала афуахихим уа тукаллимуна айдихим уа ташхаду ар-жулу-хум-бима кану йаксибун

Сегодня Мы запечатаем их уста. Их руки будут говорить с Нами, а их ноги будут свидетельствовать о том, что они приобретали.

На их устах печать молчания, но их руки и ноги свидетельствуют о том, что они заслужили. Все последствия внешних поступков интериоризируются в душе человека. Этот процесс охватывает не только все наши внешние физические действия, но и внутренние мыслительно-чувственные процессы.

Как известно из медицины, клетка, взятая из любой части тела человека, например руки, может дать полную картину его общего физиологического состояния. Только одна клетка, взятая из руки, даже из ногтевой пластины, позволит, например, обнаружить признаки дисбаланса или нехватки каких-либо веществ в организме, и таким образом, рассказать о наличии у человека того или иного заболевания. Более того, генетический код, зашифрованный в каждой клетке, дает полное представление обо всем организме, являясь своего рода биологической голограммой.

Каждая клетка организма свидетельствует об общем состоянии человека. Конечности человека – его руки и ноги – свидетельствуют, таким образом, о его намерении: почему он оказался там, где оказался, и почему сделал то, что сделал. Поступки судят по намерениям. После смерти любое проявление физической силы полностью исчезает. Все записи, совершенные на клеточном уровне физического тела, оставляют о себе впечатление и в духовном теле, которое пребывает теперь вне времени и пространства в полном согласии с достигнутой реальностью. На этом плане бытия отсутствует даже речь, которая способна быть ложью, а потому она принадлежит области двойственности (*пространства и времени*). В нынешнем состоянии человек осознает и переживает лишь чистую реальность, которую создало ему его же собственное эго.

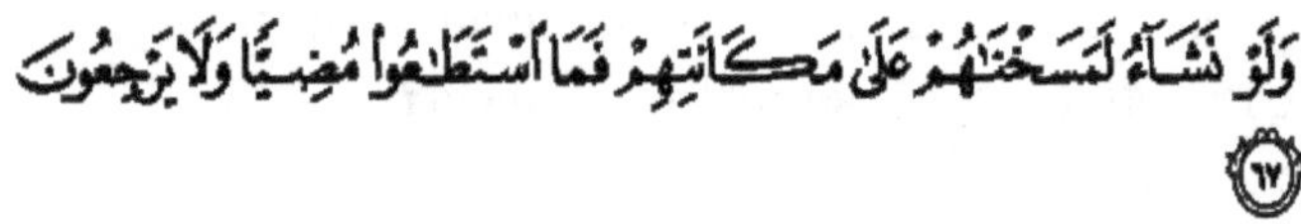

67. Уа лау наша-у латамасна ’ала а’йунихим фастабакус-Сырата фа-анна йубсырун
Если Мы пожелаем, то лишим их зрения, и тогда они бросятся к Пути. Но как они будут видеть?

Будь Реальность другой, мы бы не обладали ни физическим, ни внутренним зрением. Прямое назначениефизическихоргановзрения–эточувственное восприятие предметов. Чувственное восприятие ведет к развитию интуиции и проницательности. Внешнее служит средством для раскрытия внутреннего.

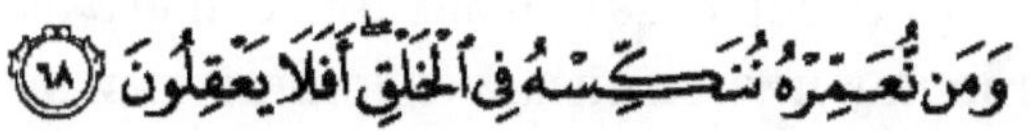

68. Уа лау наша-у лама-сахнахум ’ала макана-ти-хим фамаста-та-’у мудыййау-уа ла йаржи-’ун Если Мы пожелаем, то обезобразим их на их местах, и тогда они не смогут ни двинуться вперед, ни вернуться.

Этот аят указывает на бесконечную милость и могущество Аллаха. Лишь одним Своим пожеланием, Он смог бы в один миг привести человека к духовной трансформации и раскрытию своей истинной сущности. Однако Он оставляет за человеком свободу выбора – либо продвигаться вперед, либо откатываться назад.

Все способности человека к созиданию, высшие и низшие, находятся в нем самом. Человек есть микрокосм. Он наделен всеми качествами, образующими законченную иерархию среди живых существ. В случае недостойного поведения и неспособностью реализовать свой человеческий потенциал, он скатывается на более низшую ступень в иерархии творения, характеризующуюся низменными плотскими устремлениями, поскольку в действительности статического равновесия не существует. Он либо эволюционирует, либо регрессирует.

На протяжении истории в различных культурах мира периодически появлялись изображения животных. Они присутствовали в египетских пирамидах, в зороастрийских и буддийских общинах в Китае, в Индии и ряде других культур. Мудрец, или человек знания, часто изображался в колеснице, запряженной собакой и свиньей, что отображает символически его абсолютное господство над низменными склонностями эго.

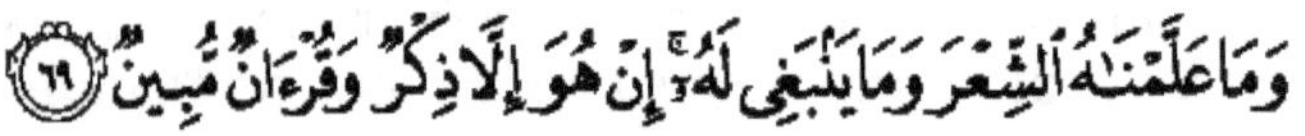

69. Уа ман-ну-'аммирху нунаккис-ху фил-халк; афала йа'-килун
Тому, кому Мы даруем долгую жизнь, Мы придаем противоположный облик. Неужели они не разумеют?

Слово ʻаммара (долгая жизнь) означает также «строить, возводить, сооружать, поднимать». Наккаса (*придаем*) – это еще и «разворачивать, опускать, забирать, падать». Смысл довольно прост: «за полетом вверх следует падение вниз», что указывает на универсальный закон цикличности, которому подчинено каждое живое существо и любой организм в творении.

«Неужели они не разумеют? (*афала йа'-килун*)». Если мы приглядимся чуть внимательнее, то обнаружим, что каждой ступени, устремленной вверх, соответствует ступень, ведущая вниз, и что в любой процесс роста уже включен противоположный ему процесс распада. Человеческий разум способен раскрыть, что плану материального бытия и двойственности обязательно соответствует противоположный ему план нематериального и недвойственного – область существования после смерти физического тела.

70. Уа ма ’алламнахуш-Ши’ра уа ма йамбаги лах; ин хууа илла Зикруу-уа Кур-анум-Мубин

Мы не учили его (*Мухаммада*) поэзии, и не подобает ему это. Это – не что иное, как Напоминание и ясный Коран,

И хотя в этом аяте говорится о Пророке Мухаммаде и Коране, он также адресован и ко всем нам – к тому, кто иногда испытывает проблески блаженного дара самопробуждения, в котором проявляются высшие планы бытия. Арабское слово ши’р (*«поэзия»*) образовано от глагольного корня ша’ара, что означает также «чувствовать». В аяте говорится, что послание Пророка Мухаммеда не является ни поэтическим, ни эмоциональным и ни чувственным произведением. Пророкам не подобает поэзия. Пророк (*наби*) – это человек, передающий вести (*наба’*) из вневременной сферы другого уровня сознания. Он – вестник поминания (*зикр*) Знания, существующего внутри нас самих. Он срывает завесу невежества. Напоминание – это и есть Коран, который читается и цитируется как поминание. Коран есть поминание, полирующее глубинную сущность сердца, так что его скрытое содержимое – собственная реальность человека – отражается без искажений.

Коран невозможно сравнить даже с самой возвышенной поэзией. Коран – это непосредственное откровение (*вахи*), нисходящее из Божественного Источника через Архангела Гавриила к верному (*амин*) Посланнику Аллаха.

أَوَلَمْ يَرَوْا أَنَّا خَلَقْنَا لَهُم مِّمَّا عَمِلَتْ أَيْدِينَا أَنْعَامًا فَهُمْ لَهَا مَالِكُونَ ﴿٧١﴾

71. Лийунзира ман кана хаййау-уа йахиккал-каулу ’алал-кафирин
Чтобы он предостерегал тех, кто жив, и чтобы сбылось Слово относительно неверующих.

Здесь говорится о том, что жизнь в обычном обывательском понимании необязательно означает полноту и насыщенность, свойственную живому. Автоматизм совершаемых нашим телом физических движений и действий не является ни состоянием, ни условием истинной жизни – это лишь самый низший уровень бытия. Человек может выглядеть вполне здоровым, быть в отличной физической форме, оставаясь при этом пустым и мертвым в своем сердце. Существует притча о духовном мастере, который, на очередной прогулке со своим учеником начал показывать по очереди на людей, приговаривая: «Никого нет дома, никого нет дома». В конце концов, смущенный ученик спросил его, что же он хочет этим сказать, на что мастер ответил: «Эти люди внутренне пустые и мертвые». Предостережению может внять лишь тот, кто живо воспринимает все, что происходит как снаружи, так и внутри него самого, кто способен услышать, кто обладает чутким сердцем.

В Коране сказано: «Воистину, это благородный Коран, находящийся в Хранимом Писании. К нему прикасаются только очищенные» (56: 77-79). Слово «очищенные» относится не только к тем, кто совершает обряд омовения (*вуду*), что является предварительным условием для физического прикосновения к Корану. Это обязательное условие, но на более глубоком уровне в этом аяте говорится о тех, кто сосредоточен на Реальности, кто присутствует, кто жив и чуток к происходящему с ним в каждое мгновение жизни. Рассеянность внимания, его отвлеченность на посторонние вещи вкупе с неумением сосредоточиться на текущем моменте порождает иллюзию воображения, и человек остается мертвым и бесчувственным по отношению к тому, что происходит в данный момент, к истинной Реальности. Когда ум постоянно обеспокоен вчерашним или завтрашним, человек уже не присутствует в Реальности, а находится в плену иллюзии. Так, где же мы все с вами находимся?

Тот, кто не следует Писанию, а пишет свою собственную уникальную биографию, искаженно воспринимает Реальность, открытую перед ним каждое мгновение в чистоте и подлинности своего присутствия. Поэтому предостеречь можно только того, кто чувствует в себе пульсацию истинной жизни (*хайат*). Смысл Ислама в смирении и покорности. В состоянии полного смирения человек не испытывает ни страха, ни гнева – лишь полное присутствие, и поэтому он живет полной жизнью.

Это аят перекликается с одиннадцатым аятом, и с помощью такого лексического повтора Коран постоянно возвращает нас к написанному, проникая в более глубокие пласты значений и смыслов: «Ты можешь предостеречь только того, кто последовал за Напоминанием и устрашился Милостивого в Незримом».

Фраза «и чтобы сбылось Слово относительно неверующих» означает, что Слово, или Истина, сбудется относительно «отрицающих и скрывающих Реальность». Коранический термин кафир, «неверующие», указывает на того, кто любым способом скрывает содержимое своего сердца. Скрытие означает наличие какого-либо другого божества или объекта поклонения, чем бы оно ни являлось, будь то семья, страна, здоровье, обладание материальными благами или репутацией, что не позволяет человеку объединить свои внешние и внутренние впечатления. Куфр – это отрицание единства (*таухид*). Скрытие Реальности указывает на заложенный в человеке потенциал стремления к объединению, который является основой для его духовного продвижения. Отрицателей предостерегают об окончательном судилище. Они будут навсегда отвергнуты и накрепко скованы цепями отрицания, выкованными из ограничений, которые они пытались наложить на Реальность. И после смерти, когда уже невозможно что-либо изменить, они также лишаются возможность выбраться из этого плена.

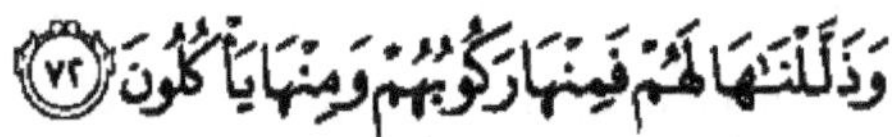

72. Ауалам йарау анна халакна лахум-мимма ’амилат айдина ан-’аман фахум лаха маликун
Неужели они не видят, что из того, что совершили Наши руки (*Мы Сами*), Мы создали для них скот, и что они им владеют?

Слово анам, «скот», связано с глаголом на’ама, что значит «жить комфортно и легко» и существительным ни’мах – «благодать или щедрый дар». В частности, словом анам называют крупный рогатый скот, овец, козлов и верблюдов. Согласно традициям, сложившимся в эпоху ранней культуры Ислама и Пророческих Откровений, существуют ограничения на количество домашних и диких животных, которых мы можем использовать и употреблять в пищу. То же самое относится и к рыбе. В противном случае, желудок человека превратился бы в кладбище для всех видов живых существ.

Аллах говорит в этом аяте, что все виды животных созданы «Нашими руками», т.е. они появились в результате «акта творения». Разве мы не можем воспринимать этих полезных и легко приручаемых животных как знак милости и мудрости Аллаха? Проникая глубже в сущность бытия, начинаешь видеть Руку Реальности, щедро раздающую свои дары, чтобы мы пользовались ими себе во благо.

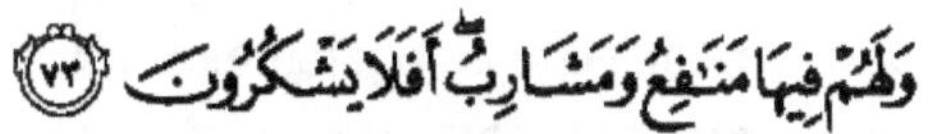

73. Уа заллалнаха лахум фаминха ракубухум уа минха йа-кулун
Мы сделали его подвластным им. На одних из них они ездят верхом, а другими питаются,

Человек – царь природы. Созданный из той же плоти, как и все живые существа, он все же находится на более высшей ступени развития, и животное царство подчинено, подвластно (*дхаллалах*) ему. Чтобы обеспечить себя всем необходимым для существования, он должен определенным образом использовать прирученных животных в соответствии с ограничениями, наложенными на каждый вид и взаимодополняющими друг друга. Человеку дается пища, кров, одежда, движимое и недвижимое имущество, чтобы он благодарил за это и восхвалял Создателя всего сущего и с благоговением признал, что все нисходит от Единого.

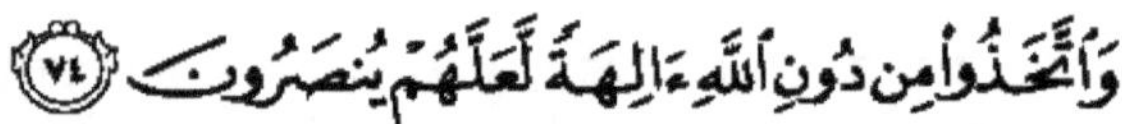

76. Уа лахум фиха манафи'у уа машариб. Афала йашкурун
Они приносят им пользу и питье. Неужели они не будут благодарны?

Человек пользуется множеством благ, предоставляемых ему этими щедрыми созданиями. Он может использовать в своем хозяйстве все, что дает ему, например, корова, начиная с ее шкуры и заканчивая молоком. Эти строфы явно указывают на то, что все в мироздании служит человеку, который является венцом творения при наличии в нем стремления к реализации своего внутреннего потенциала – быть наместником Аллаха на земле. У него есть выбор: либо упасть до состояния жалкого, неразумного существа, либо воспарить выше ангельского уровня существования. И лучший способ достичь высшей стадии развития человеческого потенциала – это обнаружить во всем сущем проявление Аллаха и выразить Ему глубочайшую признательность за все, что мы получаем от Него, как бы нам это ни доставалось.

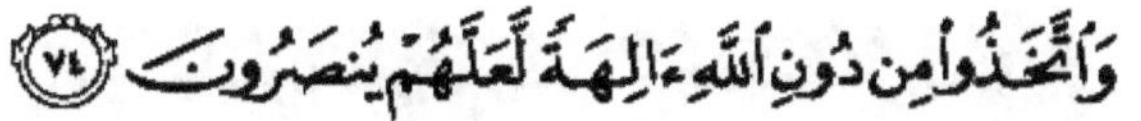

74. Уаттахазу мин-дуни-ЛЛахи алихатал-ла-'ал-лахум йунсарун

Но они поклоняются вместо Аллаха другим богам в надежде на то, что им окажут помощь.

«Другие боги» (*алиха*) – это любой материальный или нематериальный объект, ставший предметом чрезмерного обожания и поклонения, выходящего за рамки обычной привязанности. Например, мы все любим поспать, но при этом мы не думаем постоянно о сне. В аяте говорится о материальных объектах или явлениях, которые человек начинает превозносить, зачастую наделяя их, в силу своих предрассудков, высшим смыслом.

Те, кто «поклоняется вместо Аллаха другим богам», и таковых большинство, несут убыток. В нас заложена естественная предрасположенность к этому. В состоянии беспамятства и забытья человек безосновательно верит во что-то иллюзорное, в надежде, что это принесет ему окончательную разгадку и наполнит счастьем.

Свою молитву мы начинаем со слов Аллаху Акбар, что означает «Аллах – Величайший!» Этой фразой мы подтверждаем, что в своем поиске самого величайшего в нашем мироздании мы пришли к тому, что только Вечный Создатель всего сущего достоин поклонения. Аллаху Акбар означает, что Аллах превыше всего, что мы только можем себе представить.

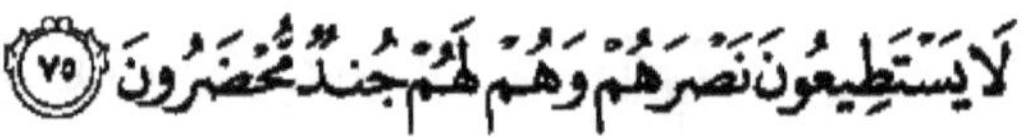

75. Ла йастаты-'уна насра-хум уа хум лахум жундум-мухдарун
Они не могут помочь им, хотя они являются для них готовым войском.

Все, что по нашему мнению, может оберечь и помочь нам – семья, материальное благосостояние, положение в обществе, гражданская позиция, что бы мы себе не представляли – обладает лишь временным эффектом. Мы вышли из утробы матери, и наши тела уже на полпути к могиле. В этом промежутке нам нужно проснуться и осознать Единство, наполняющее каждый наш шаг и охватывающее все наше путешествие. Таков путь Аллаха и Его замысел, и если кто-то считает, что этот замысел его никак не касается, то впадает тем самым в еще большее забытье, обрекая себя на вечный убыток: «И хитрили они, и Аллах строил замыслы. Поистине, нет лучше замыслов Аллаха!» (3: 54).

Все эти божества, которые представляются нам столь важными, никогда не смогут уберечь нас, даже обладай они сверхъестественными способностями, властью и имея в своем распоряжении многочисленную армию. Власть и могущество, которые мы приписываем им, заканчивается вместе с этим материальным миром, находящимся под управлением единого Источника все сил. Они не могут оберечь нас на этом плане бытия, так какой от них толк в мире грядущем?

فَلَا يَحْزُنكَ قَوْلُهُمْ إِنَّا نَعْلَمُ مَا يُسِرُّونَ وَمَا يُعْلِنُونَ ﴿٧٦﴾

76. Фала йахзунка каулухум. Инна на'-ламу ма йусирруна уа ма йу'-линун
Пусть их речи не печалят тебя. Мы знаем то, что они скрывают, и то, что они обнаруживают.

Не обращай внимание на насмешки и клевету в свой адрес. В первые годы пророчества в Мекке с Пророком оставалось не более десяти-двадцати человек. К тому времени ему уже было за сорок лет, но ведь, дело не в количестве последователей и не в возрасте.

Людям свойственно цепляться за свои старые привычки и ложные представления, и зачастую за нападками на других скрываются их собственные страхи и невежество. Так же, как и насмешники, упомянутые в тридцатом аяте, пытаются с помощью насмешки покончить с угрозой, нависшей над их образом себя, созданного ими из собственных иллюзий и привязанностей. Но Аллах говорит: «Мы знаем, что от их речей сквозит подстрекательство, так не печалься, что тебя отвергают те, кто отрицает истину».

Аллаху известно, что глубоко в своем сердце эти люди ужасно одиноки, и эта боль возникла из разделенности, а сказанные ими слова – это всего лишь эмоциональная ширма, которой они прикрывают свою истинную сущность (*фитра*). Отождествление с отрицанием и неприятием отделило их от истинной сущности, и они не ведают совершенных путей Аллаха. Величайший мусульманский мыслитель Хайдар Амули сказал: «Все сущее возникает из Единства Бытия (*таухид*). Это источник Ислама и средство достижения либо Райского Сада, либо Пламени Ада». Отрицающий Реальность сам предрекает собственную участь.

«Ислам не знает ни споров, ни разногласий», – гласит предание. Человек либо в Исламе, либо нет. Для истинного мусульманина противоречий не существует. Он просто поет свою сокровенную песню, и ее слышат те, смог настроить свой слух на ту же волну. Но если слух неисправен, и в нем не зажглась искра истинной жизни (*хайат*), эта песня останется неуслышанной. Но это не остановит певца, призывающего к Аллаху (*даура*). Он просто скажет, «все в руках Аллаха», и сольется воедино с этой песней жизни и станет ее звучанием.

أَوَلَمْ يَرَ ٱلْإِنسَٰنُ أَنَّا خَلَقْنَٰهُ مِن نُّطْفَةٍ فَإِذَا هُوَ خَصِيمٌ مُّبِينٌ ﴿٧٧﴾

77. Ауалам йарал-инсану анна халакнаху мин-нутфатин фа-иза хууа хасымум-мубин
Неужели человек не видит, что Мы сотворили его из капли? И вот он открыто препирается.

Глагольный корень слова инсан (*«человек»*) означает «быть общительным, знакомым, близким». Естественное желание близких и теплых отношений говорит о стремлении человека к личной и общественной самореализации в гармоничной связи с другими живыми существами и единым бытием. Поэтому он инстинктивно сторонится всего неизвестного и незнакомого. Его изначальное стремление к единству выражается в желании объединить свои поступки с намерениями.

Аллах спрашивает: «Неужели человек не видит, что сотворен из капли семени – мельчайшей материальной структуры, в которой заложена генетическая программа и зашифрован код творения?» Пророческое послание Корана объяснило биологическую причину происхождения человека еще задолго до того, как это смогла сделать академическая наука – во времена, когда с научной точки зрения, царили суеверия и предрассудки. Слово нутфа, «капля семени (*спермы*)», означает живую клетку.

Однако человек не замечает за чудесными свойствами собственной физической природы Всевышнего Аллаха, создавшего его по Своей воле, но вместо этого, занимает враждебную позицию и вступает в споры и препирательства. Враждебность (*хусума*) – это естественное проявление низшего «я» человека. Состояние враждебности знакомо каждому, поскольку никому из нас не нравится испытывать смущение, неуверенность или зависимость от других. Так мы отрубаем руку, кормящую нас. Наше стремление к независимости – это проявление скрытых в нашей сущности отпечатков таких Атрибутов Аллаха, как Возвышенный, Совершенный, Самодостаточный, Дающий, Владыка Сущего. От Всевышнего Аллаха, а не от матери или отца, приходит все к человеку.

Традиционная арабская культура признавала в человеке это качество независимости, которое в процессе внутренней трансформации приобретает положительную характеристику и наделяет человека силой, отвагой, находчивостью. Чтобы развить и привить это качество мальчикам, проживающим в городах, их еще в раннем возрасте забирали у родителей и отдавали на воспитание в семью, живущую в пустыне. И тогда сама окружающая среда начинала целебным образом воздействовать на ребенка, поскольку здесь он был вдали от негативного влияния городской жизни и удушающей материнской любви. Жизнь в пустыне продолжалась до достижения им семилетнего возраста. Таким способом в них постепенно взращивалось естественное стремление к независимости, которое затем приобретало положительную окраску.

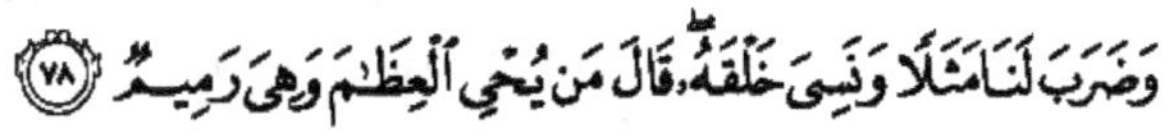

78. Уа дараба лана масалау-уа насийа халках; кала май-йухйил-'изама уа хийа рамим
Он привел Нам притчу и забыл о своем сотворении. Он сказал: «Кто оживит кости, которые истлели?»

Человек, привыкший спорить, задает вопрос: «Кто оживит нашу плоть после того, как она превратится в прах?» На что Аллах отвечает: «Ты забыл о своем собственном сотворении!» Неужели воскрешение из мертвых выглядит чем-то более сложным или сверхъестественным, чем само рождение? Все элементы Земли были собраны воедино в оплодотворенной яйцеклетке, из которой затем появился человек. Современная наука досконально изучила процесс внутриутробного развития плода, но до сих пор непонятно, как такое живое существо, как человек, может появиться на свет из одной яйцеклетки! Воистину, Тот, кто обладает могуществом изначально сотворить человека, способен и воскресить его.

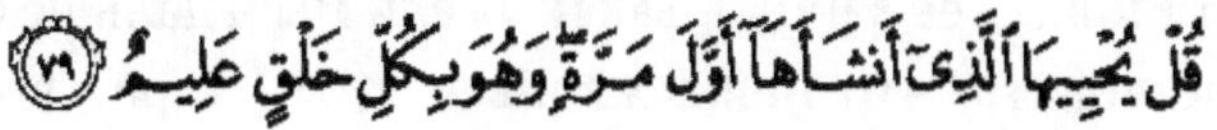

79. Кул йухйихаллази анша-аха ауuала маррах! Уа Хууа би-кулли халкин ’алим
Скажи: «Оживит их Тот, Кто создал их в первый раз. Он ведает о всяком творении».

Ребенок в утробе матери чувствует себя в полной безопасности – он пребывает в состоянии гармонии и покоя, и не хочет покидать эту благодатную, уютную среду. Однако вскоре закон развития выталкивает его с криком на свет, так как в системе его жизнеобеспечения произошли качественные изменения. В какой-то момент, его рот, который на протяжение всего срока беременности был абсолютно бесполезным в утробе матери, становится жизненно необходимым органом. Уши, которые прежде были глухи ко всему, кроме пульсации сердца в поминании Аллаха, теперь способны расслышать бесконечную гамму звуков. Открываются глаза, и им нужно привыкнуть к свету. Итак, аят утверждает: «Единый Всевышний, Кто сотворил их изначально, сможет снова возродить их в любой форме, которую Он пожелает!»

Тот, Кто собрал все воедино и сотворил изначально, обладает знанием (*ильм*) обо всем творении, как внешним, так и внутренним. Он знает все о наших внешних поступках и о том, что скрыто в нашем сердце. Ему известны все сомнения и переживания, которые испытывают отрицающие. В Нем отпечатан оттиск каждого живого создания. Он – Всезнающий, Всеведающий, аль-Алим. Он знает программу развития, заложенную в каждое сотворенное существо, и может восстановить ее заново. Так неужели мы и дальше будем упорствовать, что наша жизнь в этом мире сводится лишь к поглощению пищи, сну и смерти?

الَّذِي جَعَلَ لَكُم مِّنَ الشَّجَرِ الْأَخْضَرِ نَارًا فَإِذَا أَنتُم مِّنْهُ تُوقِدُونَ ﴿٨٠﴾

80. Аллази жа-’ала лакум-ми-наш-шажарил-ах-дари наран фа-иза антум-минху тукидун
Он создал для вас огонь из зеленого дерева, и теперь вы разжигаете огонь от него.

И снова Всевышний Аллах призывает нас взглянуть на другой план бытия, с которым мы соприкасаемся, и непосредственно с которого к нам приходит все получаемые нами блага. Зеленое дерево преобразилось, и теперь его можно сжечь в огне. На этом примере нас учат различать и понимать противоположности. Вода переходит в огонь: в какой-то момент зеленое дерево, состоящее преимущественно из воды, высыхает и переходит в совершенно другую фазу, приобретая характеристики тепла и сухости, свойственные огню. Таким образом, будучи противоположностями, стихии воды и огня неотделимы друг от друга. Обычно преобладает какая-то одна из стихий. Либо вода тушит огонь, либо огонь доводит воду до кипения, пока она не исчезнет в виде пара. Величие природы творения проявляется в том, что даже такие диаметрально противоположные феномены, пройдя через процесс преобразования, могут сосуществовать вместе и служить на благо человека.

В этом аяте аллегорически изображен процесс духовного очищения эго, когда смерть трансформирует зеленое дерево в субстанцию, годную для горящего пламени Божественной Любви. Это также может служить аналогией тех, кто отрицает Огонь в грядущей жизни. Неужели Тот, Кто создал зеленое дерево и, придав смерти, превратил его в сухие дрова, которые можно использовать для разведения и поддержания огня, не способен проделать то же самое и с человеком?

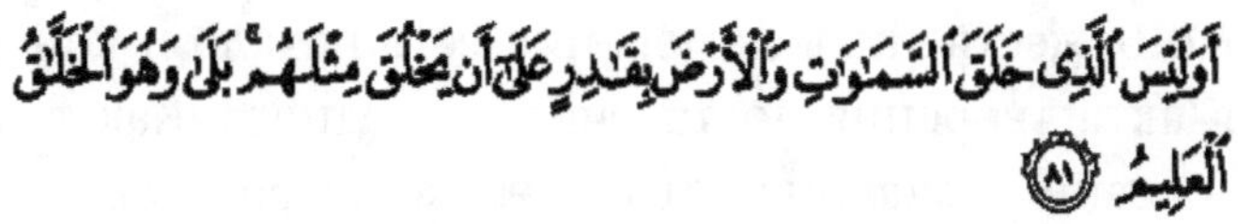

81. Ауа лайсаллази халакас-самауати уал-арда би-Кадирин ’ала ай-йахлука мислахум? Бала! Уа Хууал-Халлакул-’алим
Неужели Тот, Кто сотворил небеса и землю, не способен создать подобных им? Конечно, ведь Он – Творец, Знающий!

В доказательство собственной реальности Аллах распростерся от небес до земли, как сказано: «Мы покажем им Наши Знамения по свету и в них самих, пока им не станет ясно, что это есть Истина» (41: 53). Тогда вопрос – «сможет ли Он, сотворивший землю и небо, воссоздать все это заново?» – становится риторическим. Сможет ли событие, происшедшее по Его воле, воссоздаться так же легко как прежде? Если прислушаться, то можно услышать ответ Реальности, звучащий в глубине сердца: «Да, воистину сможет, ведь

Он – Творец, Знающий!»

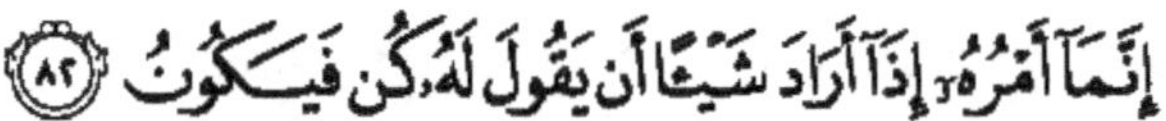

82. Иннама Амруху иза арада шай-ан ай-йакула лаху КУН файакун
Когда Он желает чего-либо, то стоит Ему сказать: «Будь!» – как это сбывается.

Его веление – это повеление, отданное Сущностью Реальности творению – «Будь!». В силу одного лишь намерения Он создает по Своей воле все мироздание. Само Божественное намерение есть начало и конец, и для акта творения достаточно его одного. Как только в океане накапливается необходимое количество энергии для образования очередной волны, все тут же приводится в движение под направленным действием сил, и возникает новая волна. Её необходимые составляющие – это намерение, или воля, лежащая в основе любого изменения и движения, а также естественная способность к осуществлению этого действия.

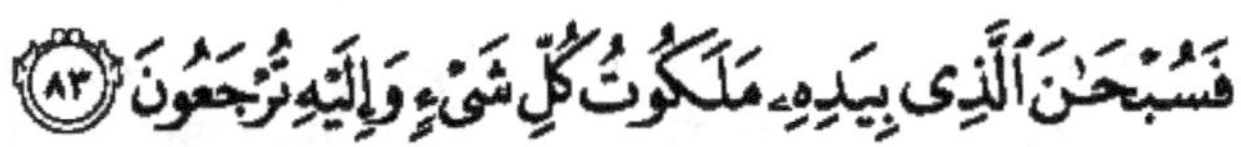

83. Фа-Субаханаллази би-йадихи Малакуту кулли шай-иу-уа илайхи туржа-'ун
Пречист Тот, в Чьей Руке власть над всякой вещью! К Нему вы будете возвращены.

Так как же нам не прославлять и не возвеличивать Его? У нас нет другого пути, кроме восхваления Того, в Чьих руках абсолютное господство и полный контроль над всем мирозданием! Воистину, мы принадлежим Аллаху, и к Нему возвращаемся. Единственная наша обязанность – это пребывать в осознанном восхвалении и возвеличивании Всевышнего. Слово тасбих, «восхваление», в переводе с арабского обозначает также «чётки», которые используются верующими при поминании Всевышнего Аллаха. Однако чётки – это всего лишь средство, позволяющее сосредоточиться на поминание Божественного Имени. Смысл в том, что систематическое поминание переходит, в конечном счете, в привычку заниматься этим непрерывно. Мы должны постоянно пребывать в состоянии восхваления и возвеличивания Всевышнего, поскольку, куда бы мы ни посмотрели, нравится нам это или нет – все исходит от Аллаха – как желаемое, так и противное нам. Если в картине мира, которая раскрывается перед нами, нам что-то видится неприятным, мерзким, нежеланным, то причина этого заключается только в том, что по своему невежеству мы преступили границы дозволенного, и таким образом ощущаем на себе, как система исправляется и восстанавливается после произошедшего сбоя. На каждое действие есть свое противодействие. Мы всегда получаем именно то, что заслуживаем сами. Когда мы сбиваемся с пути гармоничного развития, Любовь Аллаха поражает нас, не давая тем самым оступиться, и возвращает в свои надежные объятия.

Чтобы смиренно плыть, отдавшись течению жизни, ничего не нужно, кроме пребывания в постоянном восхвалении (*тасбих*) Всевышнего. Глагольный корень слова тасбих – это сабаха, что означает «плавать». Ислам – это не безразличие, не апатия. Ислам – это состояние осознанного, осмысленного, бодрствующего, усердного смирения, пребывая в котором можно научиться различать знамения и знаки, указывающие не на что иное, как на Его любовь к нам. И все, чем мы можем отплатить – это наша благодарность и восхваление. Все остальное только вводит нас в заблуждение, и мы оказываемся в убытке, и виной тому – лишь наше собственное невежество и отрицание.

Да будет славен Он! Нам остается лишь изумленно восхищаться этой захватывающей панорамой творения, которая раскрывается перед нами, и благоговейно раствориться в этом безграничном бытии с его видимыми и невидимыми планами. Мы сбиты с толку, мы затерялись в безбрежном океане жизни, но остаемся живыми в крепких объятиях Того, Кто держит всё под Своим высшим и совершенным контролем. Во Вселенной нет хаоса, она всегда пребывает в состоянии идеального равновесия. Мы все вернемся к своему Создателю. Из Него мы появляемся, по Его милости существуем, и к Нему возвращаемся. Это благая весть. Мы не существуем отдельно от Него. Мы возникли и живем по воле Аллаха, мы принадлежим Аллаху, поскольку существует только Аллах – Единая, Единственная Реальность. И достичь Его можно лишь в том случае, если мы полностью избавимся от всех существующих завес, концепций, мирских отношений и привязанностей, включая собственное эго, которые мы ошибочно считаем реальными и значимыми.

Глава 36. Сура Йа Син. Заключение

Воистину, сура Йа Син – это надежное прибежище до Дня Воскрешения!

Мы выяснили, что Коран является Божественным руководством, инструкцией к жизни в этом мире, которая подготавливает нас, таким образом, к миру грядущему – существованию за пределами пространства и времени. Тот, кто оставался слепым в нашем материальном мире, кто не сподобился раскрыть законы, правящие нашим планом бытия, уже не сможет проникнуть в более тонкие сферы, которые принимают непосредственное, но в то же время, менее очевидное, участие в управлении нашим мирозданием.

Сура Йа Син дает ясные объяснения и прямые наставления на пути Аллаха. В ней содержится полное и исчерпывающее описание Единства (*таухид*), истинной природы Реальности, законов, правящих существованием, а также степени свободы человека, который, будучи живым существом, заключает в себе оба плана реальности – Видимый и Невидимый.

Эта сура начинается с обращения к Пророку с

использованием комбинации «разрозненных букв» (*хуруф мукатта'а*)[3] – таинственных букв, сопряженных с символическим смыслом. Буквы являются той основой языка, без которой человеческое общение было бы невозможным. Язык отделяет человеческое сознание от творческого сознания Вселенной, а буквы выполняют функцию структурных единиц языка, точно так же, как атомы служат строительным материалом для молекулярной структуры на уровне физической материи. Буквы, так же как и атомы, образуют взаимосвязанные структуры, которые подчинены определенным законам «произношения» и «грамматики», согласно которым происходит процесс раскрытия всего творения, как по форме, так и по содержанию. Структуру языка можно символически сравнить с химическим алфавитом, функционирующим на уровне генетического материала и наделяющим материю содержанием и формой.

Формула судьбы человека выявляется через раскрытие смысла добрых или дурных предзнаменований, что иллюстрируется словами посланника, отправленного в Антиохию: «Ваша участь предрешена вашими собственными поступками!» Мы сами вольно или невольно предопределяем свою судьбу. Человек есть микрокосм, и он же – деятель, созидатель. Каждый из нас образует центр своей собственной вселенной, и все в этом мире взаимосвязано друг с другом. Мир предстает перед нами таким, каким мы его заслуживаем. Не каждому из нас дано услышать и принять это послание, или же, приняв, углубиться в его смысл и раскрыть его

---

3. Эти буквы также называются «*хуруф ал-фаватих*» (открывающие буквы), «*ава'ил ас-сувар*» (начала сур) и «*фаватих ас-сувар*» (открывающие суры).— Прим. пер.

в своем сердце. Мы собственноручно создаем барьеры полного и адекватного восприятия, и их толщина задается силой и глубиной существующих в нас желаний, проекций и ожиданий, а также страхов и опасений. Другими словами, они обратно пропорциональны степени нашей чистоты, покорности и смирения перед Владыкой Реальности.

В этой суре мы также выяснили, что основным качеством, характеризующим настоящего посланника истинного Знания, является отсутствие ожидания какого-либо вознаграждения от кого бы то ни было. Кроме того, он уже должен прийти к пониманию основных принципов, лежащих в основе реальности этого плана существования. Это просветленный человек, достигший полной самореализации.

По мере нашего продвижения мы пришли к пониманию того, что страх (*хашья*) есть ничто иное, как результат нашего неведения, незнания границ поведения. Практика Ислама позволяет трансформировать страх в постепенно укрепляющуюся веру (*иман*), пока сердцем человека не овладеет непоколебимая уверенность (йакин) относительно истинной природы Реальности. Эта уверенность порождает бдительность, или осознанную богобоязненность (*таква*), исполненную почтения и благоговения, так как попробовав вкус уверенности однажды, человек больше никогда не захочет выйти из этого состояния. Тот, кто полностью пробудился и встал на путь пророческого послания, абсолютно убежден, что все складывается наилучшим образом. И вскоре он начинает свидетельствовать и реально ощущать, что все, действительно, происходит так, как нужно. Конечно, у него все еще могут оставаться те или иные субъективные предпочтения, однако теперь он принимает все, как есть, и абсолютно уверен в том, что если чему-то суждено произойти, то оно обязательно произойдет, поскольку видит причины всего происходящего. Если мы изучим механизм возникновения того или иного события, то его исход будет нам очевиден, каким бы мы его себе не представляли.

Из этих правил нет исключений. Когда первые мусульмане участвовали в битвах, Пророк Мухаммад был также уязвим для вражеских копий и стрел, как и остальные воины. В одном из сражений стрела попала ему в лицо, рассекла губу и выбила передние зубы. Израненный, он истекал кровью. Выпущенная стрела не застыла вдруг в воздухе только потому, что он был величайшим Пророком Аллаха. Естественные законы, управляющие нашим планом бытия, подразумевают приоритет материального над духовным. Прежде, чем войти в мир высших и тонких энергий, человек должен удовлетворить все свои базовые потребности. Все в мироздании подчинено естественному ходу вещей (*адаб*). Мы эволюционируем от грубого к тонкому, от материального к духовному: в первую очередь развивается физическое тело, затем – психика, и уже потом – интеллект и дух.

Сура Йа Син также подтверждает точку зрения, что мы сами предопределяем свою судьбу. Голос Реальности говорит: «Мы никогда не посылаем никаких невидимых сил или ангелов с небес». Это означает, что конечный результат мы определяем сами собственными намерениями и деяниями. Если в своих действиях мы не следуем вечным и неизменным естественным законам мироздания, то мы обречены на погибель.

Сущность бытия проявляется в его животворящей силе, в его экспансивности. Мы являемся отголосками Большого взрыва. Наша Вселенная непрерывно расширяется, и если всем своим естеством мы не способны ощутить радость и ликование, то мы заболеваем, так как не следуем Божественному предопределению. Невозможно раствориться в бесконечно величественном, нескончаемом блаженстве, не расставшись со своими прежними иллюзиями.

«Рабы Аллаха будут пить из источника, давая ему течь полноводными ручьями» (76: 6) – это все, что по-настоящему нужно сердцу. Если мы не будем вторить всем своим естеством этому космическому расширению, то рано или поздно нас настигнет подавленность и угнетенность, что приведет, в конечном счете, к саморазрушению, и может статься, самым жестоким способом. Яркий пример тому – истребление жителей города, в котором жил Пророк Лут (*Лот*). Горожане были очень безнравственными людьми, среди которых были гомосексуалисты, извращенцы, падшие люди, избравшие путь порока и разврата. Поскольку в природе заложено стремление к расширению, или, другими словами, естественный ход подразумевает развитие, сжатая и потраченная впустую энергия этих людей создала себе такие обстоятельства, которые привели их, в конечном счете, к их собственной погибели. Тот образ жизни, что они выбрали, противоречил естественной природе бытия, и сама эта энергия вызвала природную катастрофу, которая уничтожила их. Внешним действием природа только подтвердила их неверное представление о самих себе, порожденное внутренней разъединенностью. И здесь нет места для предрассудков, поскольку истинный смысл заключается в достижении Единства (*таухид*). Мы не отделены от Вселенной: мы взаимодействуем с ней своим поступками, а тайна всех наших поступков скрыта в наших намерениях.

В Коране сказано, что за благие деяния, которые совершаются с чистыми, искренними намерениями, без ожидания награды, уготовано великое вознаграждение. С другой стороны, и дурные поступки влекут за собой соответствующее воздаяние. Поток бытия, который мы ощущаем как течение времени, движется в определенном направлении. Все, что попадает в него, подхватывается течением и гармонично движется в этом потоке, наполняясь его силой. Так, например, звук голоса усиливается, когда мы говорим по направлению ветра, а все сказанное против ветра исчезает. Ветер судьбы несет с собой несметные сокровища Аллаха. Тот, кто полностью отдается его власти и соглашается с предвечным замыслом, растворившись в его объятиях, обретает вечную жизнь и вступает на путь совершенства.

Рано или поздно законы, правящие нашим мирозданием, настигнут нас и подчинят себе, в случае если случайно, по неосторожности или по неведению мы нарушим их, и посему наша основная задача – изучить их и выяснить, где проходит грань, отделяющая нас от света, и как нам вернуться на прямой путь. Сказано, что прямой путь (*аль-сират аль-мустаким*) острее рассекающего лезвия и пронзающего меча из дамасской стали, где острота означает постоянное пребывание в состоянии полной осознанности. Речь не идет о степени осознания какого-то конкретного живого существа. Острота подразумевает здесь осознанность как таковую – постоянный, непрерывный процесс самоозаряющего и самопознающего осознавание ради него самого. Для начала можно прийти к осознаванию того или иного конкретного явления, предмета или вещи, хотя такое осознание является, по сути, отвлечением, рассеиванием внимания (*гафла*), поскольку в результате упускается из виду все остальное. Но как только человек начинает осознавать свое эго, он освобождается и раскрывается, и тогда знание, необходимое ему в каждой конкретной ситуации, приходит к нему автоматически.

Человек является действующим существом на этом плане бытия, и поэтому он стремится к внутреннему объединению, чтобы получить доступ к знанию, которое действительно полезно для него и приходит из мгновенной, самопроизвольной осознанности, обеспечивая ему поддержку на арене действий, с тем, чтобы он продвигался все дальше и дальше по пути к освобождению. Мы рождаемся свободными – мы не просили эту жизнь, и мы не знаем ни дату, ни обстоятельств нашей смерти – и все же в промежутке между этими значительными событиями мы оказываемся скованными цепями собственных желаний и ожиданий. И чем прочнее наши внутренние оковы, тем больше высокомерия и гордыни, вставших на защиту выстроенного нами образа самих себя, проявится в наших внешних действиях. Однако же смысл жизни заключается в самоотречении, чтобы полностью раствориться и исчезнуть в Едином Высшем Сознании. И как только мы освобождаемся от своего эго, низшего сознания, тут же происходит переход и подъем на высшие уровни.

Точно так же, как меняется с возрастом наша внешность, может меняться и наше внутреннее постижение смысла в захватывающем путешествии от одной стоянки духа[4] к другой в непрерывном самовоспроизводящемся восходящем потоке. Как только наша восприимчивость достигнет должного уровня, мы сможем раскрыть смысл в каждом вздохе, в каждом событии, которое разворачивается перед нами. Однако в большинстве случаев мы остаемся невосприимчивыми и не можем ухватить его сразу – в тот самый момент, когда происходит действие – и тогда он навсегда остается непостижимым. Всевышний Аллах наполняет смыслом каждый наш вздох, каждое мгновение нашей жизни, демонстрируя тем самым глобальное экологическое равновесие, в котором пребывает Единая Реальность, включая наш план бытия.

Масштаб экологии не ограничен ни стенами жилья, ни территорией государства, ни физическим телом. Это универсальное явление имеет множество аспектов. Каждый из нас оказывает свое воздействие на глобальную экологию, и Вселенная, в свою очередь, воздействует на нас. В действительности нет разделения. Разделение воспринимается нами только на биологическом уровне, так как наши органы восприятия ограничены оболочкой кожи. Но кожа – это живой, дышащий организм. На нее воздействует окружение, так же как и окружающая среда

---

4 Стоянка духа, *макам* – суфийский термин, обозначающий ступень или стадию мистического Пути, достигаемую усилиями искателя. – Прим. пер.

подвергается влиянию живого организма, обитающего в ней. Творение – это глобальная экологическая взаимосвязь, взаимодействие, в котором сотворенная система ограничений основывается на безграничной Реальности. Ограничения имеют смысл только в связи с безграничностью. И как только мы наложим ограничения на свое потребительское отношение к Природе, мы сможем сполна наслаждаться ее изобильными дарами.

Раскрытие смысла жизни и постижение ее сути напоминает процедуру очистки лука от шелухи. Смысл существования закодирован в наших генах, и чтобы расшифровать этот генетический код, нужно разглядеть и изучить последовательные слои бытия. Каждый слой – это свой собственный мир со своими состояниями и стоянками, и мы наполняем их содержанием и объективной реальностью. Мы чистим луковицу, снимая слой за слоем, пока не доходим до ее сердцевины – здесь мы снимаем последний слой, под которым – пустое пространство. Пространство – это то, что существует и вне луковицы, и, в тоже время пронизывает ее насквозь – точно так же, как мы пронизаны Реальностью. Нет ничего, кроме этой единственной Реальности.

Все материальные объекты кажутся нам таковыми только внешне, вследствие склонности ума к воображению (*хайал*), позволяющему материализовывать их. Собственно говоря, творение, по сути, – это пространство, только гораздо более текучее и изменчивое, более динамичное. Разумеется, окружающий нас мир материальных предметов реально существует. Но этот план бытия всего лишь вторичен. Он представляет из себя только тень, голограмму истинной Реальности.

Смысл небытия и безграничности, равно как и смысл существования и ограничений, заключен в нас самих. Все наши проблемы порождены в большинстве случаев нашими же собственными ограничениями и зависимостями. Это общий недуг человечества на этом плане существования. Наш мир не является самоцелью. Мы пришли сюда, чтобы эволюционировать из него путем признания Единства Реальности. Испокон веков все пророки пытались донести до человечества, что существует только один Бог, Вечный, и что мы проявились на этом плане из Божественной Сущности, и потому обладаем внутренним потенциалом к пробуждению и осознанию безграничного Величия Аллаха. Если мы нацелены на нижнюю шкалу существования, то ощущаем только низший план бытия. Но устремившись к высшим пределам, мы увидим свою принадлежность к Единому Источнику, из которого мы произошли, и сможем осознанно объединить в себе внутренние и внешние аспекты Единой Реальности. Мы являемся, по сути, промежуточным состоянием (*барзах*) между низменным и возвышенным, между этим миром ограничений и последующим безграничным существованием. И когда мы ориентируемся на высшую шкалу Бытия, наша низшая природа очищается и трансформируется.

Обращаясь к своей низшей природе, мы тем самым усиливаем ее, затмевая высшие планы: «Они не свидетельствуют лживо (*или не присутствуют при лживых разговорах*), а когда проходят мимо праздного, то проходят с достоинством (25: 72).

Человек единственный из всех живых существ обладает

сознанием, которое охватывает оба эти измерения. Путаница в этом мире возникает из-за очевидного парадокса, весь смысл которого сводится к тому, что невзирая на свою ограниченность, на то, что с каждым сделанным вздохом мы неуклонно приближаемся к могиле, мы все же жаждем чего-то вечного, беспредельного. И в своем стремлении к благополучию, любви, знанию и счастью мы пытаемся разыскать ничто иное, что отражало бы этот атрибут Вечного, Непреходящего, Постоянного, которому вторят наши сердца.

В Коране сказано, что Аллах объемлет всё. Это значит, что все наше мироздание проникнуто Божественностью. Наше существование основано на противоположностях и приведено в равновесие противоположностями, и потому без ошибочных, неверных действий мы не в состоянии прийти ни к осознанию границ прегрешения, ни к пониманию всепроникающей Божественности. В каждом конкретном случае мы получаем результат, который является следствием наших поступков, совершенных в контексте данной ситуации. Наши поступки – это те скрепы, которыми все фрагменты действительности соединяются в единую Реальность.

Без желаний и ожиданий мы становимся свободнее птицы, парящей высоко в небе. Однако действия большинства людей несут, как правило, реактивный характер. Поскольку каждый человек наделен своим собственным набором желаний, мы реагируем на силы и раздражители, действующие на нас извне, согласно своим индивидуальным качествам, что дает в итоге соответствующий результат. Когда человек полностью уничтожает свое эго, свою самость, свою эгоистичную личность, что выражается символически совершением земного поклона (*саджда*) во время молитвы, которая произносится из чистого сердца с глубокой искренностью и мощной концентрацией, он становится на путь свободы. Само собой разумеется, что это не отменяет нашу обязанность различать между добром и злом во внешнем мире.

«Воистину, награда твоя неиссякаема» (68:3): если мы будем воспринимать жизнь чистым, трепещущим сердцем, как путь к Аллаху, полный опасностей и приключений, который дарит путнику небывалое наслаждение, то рано или поздно мы окажемся в окружении единомышленников, разделяющих наше мировоззрение. Но будучи эгоцентричными, наполненные всевозможными страхами, мы притянем к себе людей с таким же негативным мироощущением. Как гласит поговорка, «рыбак рыбака видит издалека» – таков закон природы, таков неизменный путь Аллаха (*сунна*), и нам не избежать его.

На нашем плане бытия свобода немыслима без ограничений. Нам не понять, что такое здоровье, без знания болезни. Свобода не бывает абстрактной. Смысл высказывания «вера – это рабство свободных людей» (*аль-тхика витхак аль-ахрар*) заключается в том, что внутренняя свобода и спасение достигаются через самоограничения и соблюдение правил внешней этики.

Если мы стремимся к свободе, то должны обнаружить ее корни в ее противоположности – в рабстве. Законы противоположностей соблюдаются постоянно. Нужно верить, что хотя мы сейчас, возможно, и не понимаем принципа их действия, но мы будем изучать и раскрывать их по мере нашего продвижения. Это один из аспектов имана (*веры, доверия*).

Аллах проявляет Себя в универсальных Законах, управляющих бытием, которые объединяют в себе все частные законы. Когда мы называем человека гностиком (*арифом*), или просветленным, мы предполагаем, что ему известны Законы, правящие мирозданием, но эти законы берут свое начало за пределами нашего существования, и они величественнее, значительнее, полнее всего объема нашего мира, иначе не смогли бы охватить его. Подлинный смысл гностицизма заключается в полном самоотречении и смирении. Гностик, следуя пути самоотречения, в нужное время приходит к знанию всего, что ему требуется знать на данный момент. Его эго, или нафс, не мешает ему получить руководство. Он достиг самоотречения и сдался. Таким образом, он автоматически настраивается на принятие Истины.

В этой суре проясняется значение термина «Райский сад» (*аль-Джанна*). Это и есть то глубоко сокровенное состояние, при котором сердце пребывает в абсолютном спокойствии, наступающем вследствие полного самоотречения. Речь идет не об отречении на материальном уровне, когда человек оставляет семью или перестает вдруг следить за своим внешним видом и поведением. Даже в горной пещере ему не скрыться от волнений ума. Подлинное отречение приходит постепенно с принятием на себя определенных обязательств, когда мы начинаем действовать с полной отдачей, без внутренней привязки к результату. Все, что сделано – это работа на пути Аллаха. С этой точки зрения, такое явление, как супружество, рассматривается исключительно как часть увлекательного путешествия по жизни, когда каждый из супругов обязуется в своем сердце помочь партнеру обрести целостность и реализовать его внутреннюю, духовную свободу. Тогда воистину каждое действие человека становится его молитвой. В самой страсти, увлечении нет ничего зазорного. Без физической страсти не появится истинного стремления. И человеку остается лишь преобразовать свою страсть в стремление к Истине, к Аллаху – Единому, Независимому, поскольку Его Воле подчинено существование всего человечества. Любовь к творению должна трансформироваться в любовь к Творцу.

Совместимость в супружеской жизни возможна лишь в том случае, если мужчина и женщина искренне желают сотрудничать и служить друг другу во имя Истины и духовной свободы, которая, в свою очередь, невозможна без соблюдения правил внешней этики и проявления уважения. Мы не можем продвигаться духовно без внешних ограничений. Внешняя свобода обманчива и непостоянна. Она порождает только беспорядок – как снаружи, так и внутри. Поэтому по мере приближения к знанию Аллаха, поведение искателя становится все боле и более сдержанным. Он хочет действовать только в пределах (*границах*) дозволенного. Его приводит к цели сердце, но чтобы войти в нужное состояние, сердце должно пребывать в ощущении гармонии мира.

Все в мироздании подчинено Законам природы, и имя Установившего эти Законы – Всевышний Аллах. Мы обязательно встретимся с Ним, если будем изучать и следовать им на обоих уровнях – внешнем и внутреннем. Но внешний аспект дает лишь поверхностное знание, он служит только внешним показателем и не приводит к подлинному самопознанию. Работа истинного духовного учителя, мастера, заключается в том, что он разрушает непроницаемую стену невежества, окружающую искателя. Он просто снимает с его сердца ржавчину, слой за слоем, скрывающую источник внутреннего света. Духовный наставник ничего не дает, он только понемногу забирает, как сказано: ««Небеса и земля не способны вместить Меня, но Меня может вместить только сердце Моего верующего раба (*мумина*)».

Таким образом, сура Йа Син излечивает, исцеляет нас, делает нас цельными. Тому, кто не постиг смысл жизни в этом существовании, он раскрывается после смерти. Именно поэтому эту суру читают над усопшим мусульманином в надежде на то, что его дух (*рух*) уже достаточно настроен на воспоминание, на резонанс со своей истинной реальностью, в которой это воспоминание уже заложено.

Наша недолгая жизнь – это всего лишь одно звено в цепочке существования. До этой жизни была одна форма существования, а после смерти будет другая. С этим миром нас связывает девятимесячный период пребывания в утробе, а послесмертный сон связывает нас с миром грядущим, как сказано: «Кто поднял нас с места, где мы спали?» (36: 52). Ни один человек не помнит свое пребывание в утробе матери. Точно также, мы не помним состояние небытия, к которому возвращаемся.

Отсутствие воспоминаний о своем существовании до рождения и после смерти, озадачивает нас и ставит в тупик, и мыслящий, разумный человек начинает задаваться вопросами о смысле жизни. «Почему я несчастлив? Почему я не могу самореализоваться? Почему я внутренне не свободен?» Все наши внутренние переживания, сомнения, тревоги и беспокойства являются проявлением милости Аллаха. По воле Аллаха мы должны прийти к познанию Его – Того, Кто создает в нас эти неприятные ощущения и вытаскивает, таким образом, из состояния летаргического сна, в котором мы пребываем. Любая проблема, с которой мы сталкиваемся в нашей жизни, есть поистине щедрый дар, ниспосланный Аллахом из любви к нам.

Слуга Аллаха молится своему Господу: «Дай мне, пожалуйста, силы для продвижения вперед и достижения зрелости в этой жизни». Духовное движение в человеке возникает тогда, когда он начинает положительно воспринимать любые внешние обстоятельства. «Весь мир – театр, а люди в нем – актеры». Все наше существование – это не более, чем спектакль, в котором каждый из нас играет отведенную ему роль. Нужно только остановиться, перестать играть роль, с которой мы отождествляем свою сущность, и принять на себя обязательства на пути Аллаха (*фи сабиль Аллах*) в отсутствие какой бы то ни было личной мотивации. И тогда слои иллюзии перестанут накладываться друг на друга. Лучший способ преодолеть свои иллюзии и сомнения, а также другие подобные помехи – это принимать каждую ситуацию, каждое обстоятельство во имя Аллаха, не ожидая никакого вознаграждения для себя. Жизненные обстоятельства можно уподобить рубанку, который счищает с нас слои эго, и человек, добравшись, наконец до центра, понимает, что все это уже всегда присутствовало в нем.

На этом плане существования у нас нет в действительности никаких прав – только обязанности. Люди с бешеной скоростью поглощают кислород – каждый год мы вдыхаем тонны этого важнейшего для нашей жизни природного газа. Вопрос лишь в цели. Для чего мы это делаем? Возможно, чтобы сжечь свои желания, иллюзии и ожидания и обрести внутреннюю свободу? То же самое относится и к неимоверному количеству пищи, которую мы поедаем. Для чего мы питаемся? Может быть, для того, чтобы наполниться силами и прийти к постижению Божественной Реальности в каждом ее проявлении?

Путь к просветлению лежит через преодоление собственного невежества. Если в течение жизни человеку не удается снять пелену невежества, она спадет в момент смерти. «Никто не будет обижен» в День Воскрешения, поскольку у нас больше не будет возможности действовать, и каждый будет отвечать за собственные поступки. Время и движение застынут для нас, и настанет пора пожинать плоды. В этот момент душа воспоет все, что запечатлено в ней деяниями и намерениями человека в этой жизни. И невозможно что-либо отнять или прибавить. Если сердце человека вторило чистой песне Реальности, то в грядущей жизни ее мелодия будет постоянно раздаваться в Саду Аллаха. Но если душа больше напоминает испорченный диск, переполненный записями высокомерия, гордыни, невежества, подлости, низости, то и качество воспроизведения будет соответствующим. В Грядущем мире душа поет в своем диапазоне постижения жизни на этом плане бытия.

Ключом к очищению сердца от невежества является мгновенное осознание своих намерений. Таким способом наши намерения объединяются с действиями. Так, через смирение и присутствие, достигается состояние свободы. Это стоянка Единства (*таухид*) и искренности (*ихлас*).

Будь готов умереть прямо сейчас, и ты будешь жить! Будь готов отказаться от всего, и ты обнаружишь, что уже владеешь всем. За всем многообразием скрывается Единство. Каждый человек обладает набором хромосом, в которых отпечатаны законы, правящие всем мирозданием. Это и есть наше истинное «я». Коран скрыт внутри нас, нужно только окунуться и раствориться в нем, и тогда обнаружишь, что все уже предрешено, и нам нечего решать, поскольку и проблемы как таковой вовсе не существует. Нет (*другого*) бога, кроме Аллаха! Познай сущность бытия, и обнаружишь, что нет иного состояния, кроме состояния свободы. Мы сами создаем себе темницы, и потому никто, кроме нас самих не сможет разрушить их окончательно, до основания, что мы и делаем, когда решительно преобразуем свои действия в свободные и чистые деяния.

Тот, кто осмыслил хотя бы один аят Корана, уразумел всю Книгу. Множество аналогий и метафор (*амтал*), которые мы встречаем в Коране, служат для отображения Истины, нам остается лишь окунуться в нее. Постигающий и постигаемое неразделимы. В суре Йа Син подчеркивается, что Райский Сад – это удел тех, кто совершал чистые деяния. Их ничего не интересовало в этой жизни, кроме своей полной самореализации. Метафоры используются в Коране для описания неописуемого словами, ведь язык функционирует в мире двойственности, мире причин и следствий, мире формы и содержания. Метафора плавно подводит человека к самой сути и выводит за пределы мышления, где он должен отбросить все ограничения и совершить квантовый скачок в безбрежное пространство.

В описаниях Рая, или Райского Сада, чаще всего встречаются такие метафоры, как «супруги», «плоды», «ложе», «тень». На нашем плане бытия все проявлено в парах. Только там, где есть пара, возможно единение, что символически указывает на причину супружества. Тень рассматривается как весьма желанный природный фактор, особенно в условиях пустыни – в жару она приносит облегчение и предоставляет временное пристанище, место отдохновения. И когда мы в очередной раз встречаем метафору «возлежания на ложе (*или подушках*)», ее смысл, в принципе, очевиден. Подушка сама по себе не представляет никакой ценности, и в то же время фраза «сидеть на подушке» или «возлежать на ложе» указывает на расслабленное состояние человека. Тело полностью расслаблено, обездвижено, оно больше не беспокоит, и теперь у человека появилась возможность сместить фокус своего сознания с материального плана и проникнуть в сферу смыслов. Чтобы добраться до сути, нужно нейтрализовать воздействие физической материи.

Любое возникающее в нас желание – это плод нашего собственного воображения (*вахм*). Мы собственноручно сплели себе паутину, вложив в нее силы и время, как сказано: «Воистину, самое непрочное жилище — это жилище паука. Если бы они только знали!» (29: 41). Если настоящий искатель смог бы достичь в этом мире всего, что он хочет, каким бы ни было его желание, то, в конечном счете, он пришел бы к такому состоянию, когда желания пропадают, поскольку чего бы он не пожелал, оно уже будет перед ним. Глубокие размышления, искренняя медитация приведут его к отсутствию желаний. И он поймет, что все было рядом: все плоды, которые он так жаждал вкусить, уже перед ним, и, стало быть, ему нечего больше желать. В этом смысл состояния удовлетворенности, умиротворенности, переживаемого в Райском Саду.

Смысл послания необычайно простой: просто будь (*кун*), и тогда весь мир придет к Единению (*фа йакун*). Знание, равно как и удовлетворенность, скрыто внутри каждого из нас. Не существует ничего – ни внешнего, ни внутреннего – кроме милосердия, блаженства, благодати. И только человек своим испорченным зрением не способен разглядеть сквозь сплетенную им самим же паутину гармонию и совершенство мира. Состояние Райского Сада – это и есть то ощущение покоя, тишины, блаженства и вечного наслаждения, которое обещал нам Милосердный Господь.

А Всевышний Аллах знает лучше!

www.ingramcontent.com/pod-product-compliance
Lightning Source LLC
LaVergne TN
LVHW051739080426
835511LV00018B/3147

* 9 7 8 1 9 2 8 3 2 9 1 6 9 *